自分らしさと母親らしさをめぐる問題は、なにも私の母だけに起こることではない。近年、女性の就業率は上昇しているが、一方で結婚や子育てを経ても就業を継続するには依然としてハードルも多く、思い通りのキャリアを描けないケースも多い。「〇〇くん／〇〇ちゃんのママ」と呼ばれるばかりで誰も自分の名前を呼んでくれない、自分とはなんなのかという不安感を訴えるような話題も定期的に盛り上がりをみせる。このように子どもをもつ母親たちは、母親としての自分と個としての自分との両立という問題や葛藤にさらされてきた。

母親たちがこうした葛藤にさらされるのは、母親は子どもや家族のために尽くすべきだという規範が社会に共有されているからだ。もちろん子どもの世話や教育は親の権利であり責任でもあるが、近代社会では特に母親の育児役割が強調されてきた。子どもの非行やいじめ、不登校の問題も家族の問題として捉えられ、その度に母親の子育てやケアの重要性が説かれ、期待されるものも大きくなっていった。母親に対する社会的期待が拡大する裏側で、母親役割を引き受けていないように見える母親たちは、母親らしくない母親として「母親失格」の烙印が押されてきた。

本書が焦点を当てるギャルママもその一例だ。詳細な説明は後に譲るが、ギャルママとは、ギャル系ファッションを好む母親たちのことで、とりわけ２０１０年代に高く社会的な関心を集めた母親集団である。ギャルママという存在は賛否両論をもって社会に受け止められたが、彼女たちもまたその派手なファッションを理由に「母親失格」の烙印を押された人々であった。とはいえ、自分自身のファッションに気を配る母親はギャルママ以外にも広くいる。それにもかかわらずギャルママがネガティブに受け止められるのはなぜなのだろうか。服装や外見が派手だと「母親失格」なのだろうか。その答えはいつも「母親らしくない」で片付けられてきた。私たちは好きなように着ていいはずなのに、どうやら母親にはそれが許されないことがあるらしい。そこにもまた母親らしさという規範があるようなのだ。しかしながら、母親の服装や外見のイメージにおける母親らしさという規範はあまり議論されていないのが現状である。多様な生き方が受け入れられているはずなのになぜこんなに生きづらいのか。そうした素朴な疑問を根底にもちつつ、本書は「ママ」ではなく「ギャルママ」として立ち現れた母親たちに焦点を当てることで、現代社会の母親らしさを問い直したい。

そこで本書は、ギャル系ファッションを含む育児期の母親を読者に想定するファッション雑誌とギャルママへのインタビュー・データを用いながら、ギャルママはほかの母親と比べて本当に違いがあるのか、どのような点で違いがあるのか、一方でギャルママがギャルママを実践することの背景にはどのような当事者の論理があるのかを探っていく。

序章「ギャルママという社会現象――ギャルママからみる現代社会」では、ギャルママがどのように日本社会のなかで立ち現れてきたかを整理するとともに、ギャルママという現象が私たちに問いかける母親らしさとはなにかという疑問の背後にある現代社会の問題を明らかにする。そしてギャルママに焦点を当てることが母親らしさの問題を考えるうえでどのような意義をもつか述べていく。

第1章「母親らしさとは何か」では、まず近代家族の成立と大衆化、それと紐づく母親規範に関する議論を整理し、既存研究の限界と課題を指摘する。

第2章から第6章では、母親のライフスタイルの多様化の様相を検討してギャルママのポジショニングを明らかにするとともに、そうしたポジショニングが顕在化する行為の背後にある当事者の論理を記述していく。第2章と第3章はファッション、第4章と第5章は家事・育児について焦点を当てる。それぞれ先行する章では雑誌をデータとして用いて比較し、ファッション志向の高い母親のなかにおけるギャルママの位置づけを検討する。そして続く章では、雑誌分析で明らかになったギャルママの相対的な特徴をふまえつつ、当事者へのインタビュー・データからギャルママたちの行動や実践とその論理を分析していく。そして第6章では、ギャルママたちがギャルママではない母親たちや世間の母親らしさとのずれをどのように感じているのか、それに対してどのように対処しているのかを探っていく。

第2章「ギャルママのファッションは『違う』のか――多様化する母親のファッション」では、育児期の母親を読者とするファッション誌のフォーマル・ファッションに注目し、テキストで語られる服装に関する意識と画像として提示される服装を比較することから、ファッション志向の高い母親のなかにおけるギャルママのファッションをポジショニングする。

第3章「ギャルママのファッションはなぜ『違う』のか――自己の満足と他者との関係性のはざまで」では、ギャルママが被服を着装する動機を確認した上で、ファッション行動における実践とその理由を整理することから、彼女たちにとってギャル・ファッションを装うことがどのような意味をもつのか、彼女たちのファッション行動と場や周囲との関係性にはどのような相互関係があるのか分析する。

第4章「ギャルママの家事・育児は『違う』のか――多様化する家事・育児の志向性」では、第2章と同様に育児期の母親を読者とするファッション誌の内容、とりわけ家事や育児に関する内容に焦点を当てて比較することから、ファッション志向の高い母親の家事・育児を位置づけ、ギャルママは何が違うのか検討する。

第5章「ギャルママの子育てはなぜ『違う』のか――「非教育ママ」の尽くす子育て」では、ギャルママが子どもにどのような将来を期待しているのか、そのためにどのようなことを重視して子育てをしているのかを分析する。

第6章「ギャルママは『違い』をどう受けとめるのか――母親の役割葛藤と対処方略」では、ファッションや家事・育児についてみえてきたギャルママとほかの母親たちとの違いについて、ギャルママたち自身はどのように捉えているか、その違和感や葛藤を整理した上で、彼女たちはどのような論理によってそれを乗り越えようとしているのか分析する。

最後に、終章「ギャルママからみえてきたこと――母親規範の『多様性』とはなにか」では、本書で見出された知見を整理し、ギャルママの役割葛藤とその背後にある母親の規範について考察する。

当然のことながら、ギャルママを事例に考えることで現代社会の母親規範の全容が明らかにできるわけではない。しかしながら、これまであまり議論されてこなかった服装や外見のイメージを射程に入れて母親らしさを考えられるという点で、一定の意義はあると考える。一見すれば既存の母親らしさから解放されて自由に生きているギャルママたちは本当に自由な存在なのだろうか。母親集団のなかで異質な他者として立ち現れてきたギャルママたちの「ギャルであり、ママである」という生きかたから、現代社会における自分らしさと母親らしさについて考えてみたい。

目次

まえがき

序章　ギャルママという社会現象……1
――ギャルママからみる現代社会
はじめに　1
1　異質な母親像として現象化されたギャルママ　2
2　拡大しつづける母親の役割葛藤　15
3　サブカルチャーが可能にする母親規範の再考　21

第1章　母親らしさとは何か……31
はじめに　31
1　近代家族の成立と大衆化、そして多様化　32

2 近代家族の母親規範 38
3 これまでの母親規範研究の限界と課題 49
4 研究のデザインと使用するデータ 51

第2章 ギャルママのファッションは「違う」のか ……69
——多様化する母親のファッション
はじめに 69
1 テキストにおける入卒園式ファッション 73
2 画像における入卒園式ファッション 81
3 ファッション志向の高い母親の中でも異なるギャルママのファッション 83

第3章 ギャルママのファッションはなぜ「違う」のか ……87
——自己の満足と他者との関係性のはざまで
はじめに 87
1 「自分の好きな服を着る」というこだわり 88

目次

2 母親であることとの両立 95
3 エンパワーメントの源としてのファッション 103

第4章 ギャルママの家事・育児は「違う」のか……107
——多様化する家事・育児の志向性
はじめに 107
1 雑誌の見出し語からみた母親像 111
2 内容構成からみる誌面の傾向 116
3 言説からみる家事・育児 118
4 共通するおしゃれな母親像と異なる家事・育児 124

第5章 ギャルママの子育てはなぜ「違う」のか……127
——「非教育ママ」の尽くす子育て
はじめに 127
1 子どもの将来に期待すること 128
2 子育てで重視すること 134

3　学歴よりも「やりたいこと」を重視する子育て　140

第6章　ギャルママは「違い」をどう受けとめるのか　143
——母親の役割葛藤と対処方略
はじめに　143
1　個としての自己と母親としての自己の葛藤　147
2　葛藤を解消する方法　153
3　新しい母親像の提示と従来の母親像の強化　158

終章　ギャルママからみえてきたこと　163
——母親規範の「多様性」とはなにか
はじめに　163
1　母親の外見やファッションからみる画一性　164
2　自己犠牲的な母親像の再生産　168
3　メディアとしてのファッションの情報伝達力　170
4　おしゃれな母親を描くマスメディアの功罪　172

目次

5　不良少年少女のサブカルチャーの変容　175
6　ギャルであり、ママであるという「新しい」母親像　179
初出一覧　185
あとがき　187
引用文献・引用資料

序章　ギャルママという社会現象
——ギャルママからみる現代社会

はじめに

子育てはさまざまな人々によって支えられているが、今日の子育てにおいて子育て仲間は重要なアクターの一つである。とりわけ１９７０年代頃から母親の孤立が問題視されてからは、母親同士が互いに子育てを支え合うネットワークの構築が奨励されてきた。子育てをする母親であれば誰でも参加することができるものであると捉えられてきた子育てネットワークであるが、２０００年代になると地域の母親同士のネットワークに入るのではなく、独自のネットワークを形成する母親たちが出現する。それがギャルママと呼ばれる母親たちだ。彼女たちはギャルママ同士でネットワークを構築し、それが彼女たちの子育てにおいて重要な存在となっていた。なぜ彼女たちは、同じ母親であるのに異なる独自のネットワークをつくったのだろうか。ほかのママたちとギャルママたちを分断しているものは何なのだろうか。本書は、「ママ」ではなく「ギャルママ」として立ち現れた母親たちに焦点を当てることで、現代社会の母親らしさとは何かを議論する。序章では、ギャルママという存在が現代社会の私たちにどのような問題を提起しているのかを整理する。そして、なぜギャルママたちを取り上げることが母親らしさを議論することになるのかを明確にしていきたい。本章の第1節では、ギャルママという存在が日本社会においてどのように出現し現象化されてきたのかを整理する。第2節では、そうした現象の背景にある日本社会の状況について議論していく。そして第3節でギャルママという集団に焦点を当てることの意義を提示する。

1　異質な母親像として現象化されたギャルママ

ギャルママとは、1990年代の女子高生を中心に発展したギャル文化から派生したものの一つで、2000年代に登場したギャル系のファッションを好む「母親でギャル」のことを指す。「ギャル」という言葉は、元々は女子大生を指す言葉で、1970年代から使われるようになり、1980年代に一般化した語である（難波 2007）。ギャル文化の勃興期について詳細を記録した『別冊宝島』によれば、コギャルには二つの流れの合流があった。一つは1980年代のバブリーな夜遊び空間の中にいた女子大生「ギャル」に憧れ、その予備軍として「コギャル」を自称した女子高生からはじまる流れである。こうした夜遊びをする女子高生たちはブルセラや援助交際などの青少年犯罪や逸脱の問題とイメージが結びつけられ、社会のなかで問題視されていく。一方で、ストリート・ファッションのLAスタイルを好む女子高生もまた「コギャル」として認識されていくようになる（『別冊宝島』39

1号)。これらの二つの「コギャル」はスカートのミニ化という点によって融合して、ギャル・テイストとして普通の女子高生にも取り入れられていくことになった(『別冊宝島』391号:渡辺 2005)。女子高生を中心にギャル・ファッションが定着していくと、女子大生や女子高生という意味での「ギャル」や「コギャル」は次第に使われなくなり、「ギャル」は「金や明るい色に染めた髪、日焼けサロンで焼いた黒い肌、派手なメイクや露出の多いファッションを特徴とする10代後半から20代初めの女性」のことを指す言葉へと変化した(与那覇・新谷 2008:152)。元来、日本の族文化は常に卒業することが意識された期間限定のものであり、対立していた支配的文化や大人社会へ移行していくことが指摘されてきた(成実 2001)。しかしながら、ギャルは卒業されることなく、その受容する年齢層は上昇拡大し、母親になっても「ギャル」であるギャルママが登場する(松谷 2012)。つまり「ギャル」の年齢的な特徴も今や曖昧であると考えられ、今日の「ギャル」とはギャル系の派手なファッションを好む女性であり、そのなかでも子どもをもつ母親が「ギャルママ」なのである。

1990年代に隆盛したギャル文化は2010年代後半になると、ギャル系雑誌の休刊が相次いだことから、衰退が指摘されるようになる。ギャル文化にとって雑誌は重要なメディアである(難波 2007)。**表1**は日本におけるギャル系雑誌の出版状況についてまとめたものである。**表1**に示した通り、2010年代半ばには複数のギャル系雑誌が休刊した。こうした出来事からギャル文化は低迷したと捉えられてきた。しかしながら、発行が継続していた雑誌も多く、休刊した雑誌も後にウェブ版やYouTubeチャンネルなどとして復刊、復活している(PR TIMES 2019年5月1日;PR TIMES 202

表1　日本のギャル系雑誌の出版状況

雑誌名	発行元	発行期間
Popteen 注2	角川春樹事務所	1980年〜継続
Cawaii	主婦の友社	1996年〜2009年　休刊 注3
egg	大洋図書 → MRA	1997年〜2014年 2018年〜継続（ウェブ版、ムック版として）
Happie nuts 注4	インフォレスト 注1 →ネコ・パブリッシング → MRA	1997年〜2014年 2015年〜2015年 2020年〜継続（ウェブ版、ムック版として）
Ranzuki 注5	ぶんか社 →ぶんか社	1998年〜2016年 2021年〜継続（YouTube チャンネルとして）
S Cawaii	主婦の友社	2000年〜継続
JELLY	ぶんか社	2005年〜継続
小悪魔 ageha	インフォレスト →主婦の友社 →ネコ・パブリッシング →主婦の友社 →トランスメディア →ナンバーセブン	2006年〜2014年 2014年〜2014年（特別版として） 2015年〜2016年（隔月刊誌として） 2016年〜2017年（月刊誌として） 2017年〜2019年（隔月刊誌として） 2020年〜継続（ウェブ版、ムック版として）
I LOVE mama	インフォレスト →大洋図書	2009年〜2014年　休刊 2022年〜継続（ウェブ版、ムック版として）
お姉さん ageha	インフォレスト → medias	2010年〜2014年 2014年〜継続

注1：インフォレストは2011年にインフォレストパブリッシングに社名変更している。
注2：『Popteen』は元々ティーン誌で、過激な性表現などを特徴としていたが、1984年に国会で指摘されたことをうけて路線を変更した（長谷川 2015）。その後、ギャル文化の盛り上がりとともにギャル系へとシフトしていった（吉良 2006）。
注3：『Cawaii』の休刊については、姉妹誌の『S Cawaii』に読者が流れたことが要因であることが指摘されている（長谷川 2015）。
注4：『Happie nuts』は2004年に『nuts』から改称されたものである。
注5：『Ranzuki』は2000年に『ランキング大好き』から改称されたものである。
出所：各雑誌ホームページ、各出版社ホームページ、日本雑誌協会『マガジンデータ』、メディア・リサーチ・センター『雑誌新聞総かたろぐ』、および全国出版協会・出版科学研究所『出版指標年報』を参考に筆者作成。

1年11月2日)。さらにいえば、こうしたギャルのメディアから、にこるん（藤田ニコル）、みちょぱ（池田美優）、ゆきぽよ（木村有希）などの新しいアイコンとなるギャルたちも登場している。復刊した『egg』編集長の赤荻瞳によれば、渋谷から姿を消したと思われていたギャルは地方にたくさん現存しており、親世代になった90年代ギャルの子どもたちが現在のギャル文化を担っているパターンも多い（文春オンライン２０２１年6月15日b）。こうした一連の流れは、ギャル文化の衰退を示しているというよりも、若者の情報源としての雑誌の衰退を意味していたのではないかと考えられる。

また、ファッション・トレンドの変化として２０１０年代以降のシンプル志向の高まりがあり、そうしたファッション全体の流行とともにギャル・ファッション自体も変化しつつある。２０１３年から２０１８年頃にかけて、「究極の普通」であるという意味のノーマルとハードコアを合わせた造語「ノームコア」がファッション・トレンドとなった（『アクロス』編集室 2021：264）。ストリート・ファッションの定点観測を続けている『アクロス』編集室によれば、このシンプルすぎるファッションがストリートを席巻し、２０１０年代後半以降のスタンダードになった。こうしたストリートの変化が示唆するように、シンプルなファッションが全体的な流行としてあり、ギャル・ファッションもそうしたトレンドの影響を受けていた。しかしながら、それは濃すぎないがシンプルにもなりすぎない、いわばギャル流のシンプルなファッションであることが強調されている（『お姉さんageha』２０１6年3月号など）。たしかに近年のギャルは90年代のギャル・イメージと必ずしも一致するわけではないことが指摘されているが（文春オンライン２０２１年6月15日a）、明るい色に染めた髪や派手なメイク、露出の多いファッションといったギャル・ファッションの特徴が消え去ったわけではなかった。

１９９０年代から今日に至るまでさまざまな変化をみせてきたギャル文化は、衰退や人気の低下が指摘されてきたが、連綿と続いていたのである。たしかに、ギャル系雑誌の休刊やファッション全体のトレンドと連動したギャル・イメージの変化、ギャルの細分化が進んだことは、ギャル文化の拡散や消失であると捉えることができる。そのため、ギャル文化が華やいだ90年代と比較すれば、ギャル文化を受容する人々がみえづらくなっていると思われる。しかしながら、雑誌の休刊は若者のメディア行動の変化との対応であり、またギャル・ファッションの変化もギャル系の消失というよりはギャル・ファッションのなかのシンプルさの提案というように、その内実をみてみれば、ギャルのアイデンティティは今日にも受け継がれていると捉えることができる。

こうしたギャル文化の流れのなかで登場してきたのがギャルママであるが、ギャルママという言葉はギャル系雑誌のモデルが子どもを生み母親になった自身らのことを「ギャルでママである」ことから命名したものである（太田・仲沢 2001）。もっとも「ギャルママ」と名前がつけられる以前からギャル系雑誌のなかでは、子どもをもつギャルを紹介する記事が掲載されていた[*1]。つまり、ギャル系雑誌の中では「ギャルママ」という呼称がつけられる前から、子どもをもつギャルとしてグループ化されていたのである。

ギャルママに対する社会の関心は時代とともに変化してきた。新聞や雑誌記事において「ギャルママ」が取り上げられた記事件数を図１にまとめた。図１をみると、１９９０年代に「ギャルママ」が

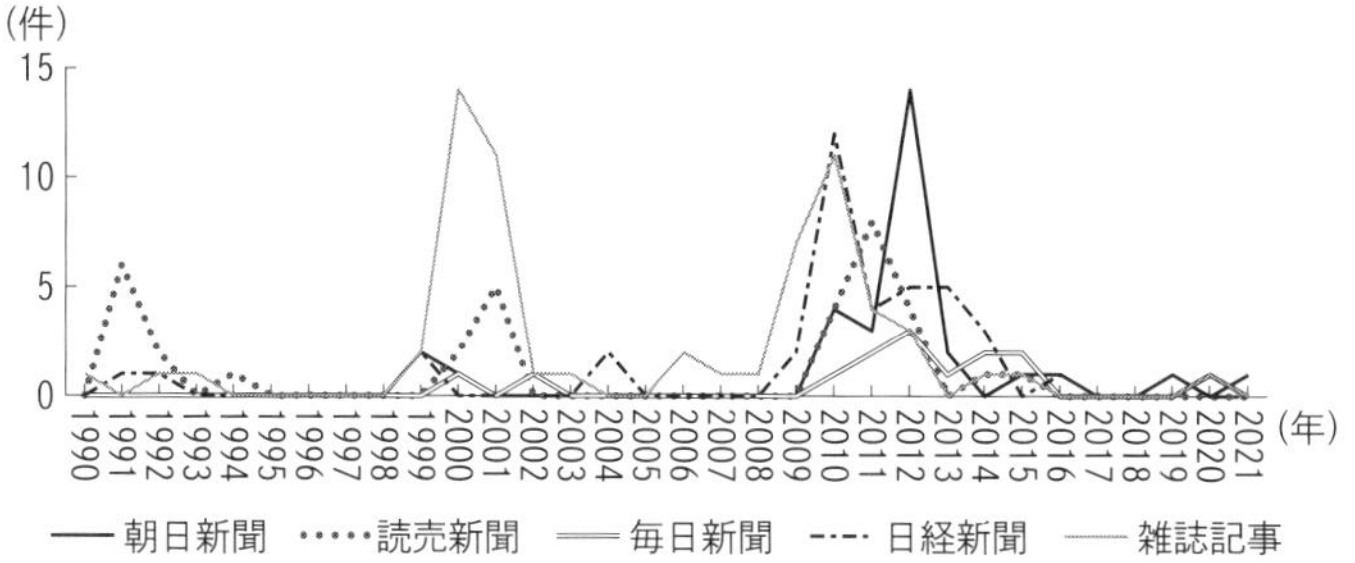

図１　新聞記事・雑誌記事件数の推移

注：新聞記事は聞蔵Ⅱビジュアル（朝日新聞）、ヨミダス歴史館（読売新聞）、毎索（毎日新聞）、日経テレコン（日経新聞）を利用した。雑誌記事は大宅壮一文庫雑誌記事索引検索Web版を利用した。検索語を「ギャルママ」、検索期間は2021年８月30日までのすべてとした。

出所：筆者作成。

メディアに取り上げられるようになったことがわかる。記事の件数では、とりわけ２０００年前後と２０１０〜２０１５年頃に山があり、とりわけ社会的な関心が高かったことがうかがえる。一方で２０１５年以降になると記事の件数は減少し、ギャルママへの社会的な関心は薄れていることが読みとれる。

しかしながら、こうしたマスメディアの取り上げかたの変化はギャルママという存在が消えていなくなったことを意味しているわけではない。それは記事における「ギャルママ」という言葉の使われかたから示唆される。たとえば「巻き髪や付けまつげなどギャルのような格好を好む母親『ギャルママ』（読売新聞２０１０年11月26日）」「派手なファッションの『ギャルママ』たち（朝日新聞２０１２年7月25日）」「ギャルママ（おしゃれを楽しむ若い母親）たち（毎日新聞２０１３年2月26日）」のように２０１５年頃までの新聞記事では「ギャルママ」に対してさまざまな説明が与えられていた。しかしそれ以降の記事では「ギャルママ」という言葉が説明なしに使われるようになっている。このことは、「ギャルママ」という母親のイメージが一般的に認識され、共有されているため、説明を加えなくとも理解されうるという状況があることを示唆している。また新聞や雑誌の記事以外にも、２０２０年に出版された書籍『3児を育てるギャルママの心でする育児』(日菜あこ著）のタイトルや同じく２０２０年に『死ぬまで可愛い女子でいる』を出版したちぃめろが所属する大手 YouTuber マネジメント事務所のクリエイター紹介ページでは彼女が「日本最強ギャルママ」と説明されているように（UUUM Creater 紹介ページ)、「ギャルママ」という言葉が普通の言葉として使われていることが指摘できる。さらにいえば、こうしたギャルママの体験談的な書籍が続けて出版されていることからも、２０２０年代になっても依然としてギャルママという存在が一定の影響力を持ち続けていることが示唆される。

言葉の使われかたや近年の動向をふまえると、ギャルママはいなくなったというよりも、ギャルママという母親のライフスタイルが一般に知られるものとなったと考えられる。イギリスのモッズやロッカーズに着目し、それが外見的な特徴によって識別される集団としてメディアによって表象され、逸脱集団として捉えられていく過程を明らかにしたコーエンのモラル・パニック理論によれば、モラル・パニックとは社会規範に対して反道徳的なことや異常であると受けとめられる事象に対する人々の反応のことで、揮発性が高い。つまり、社会規範を乱すフォーク・デビルと目される事象に対して、人々の道徳心から怒りとして表現されるのがモラル・パニックであるが、大衆やメディアの関心はすぐに次の事件やニュースへ向かうため、激しく燃え上がるものの収束も早い（Cohen 1987)。つまり、

表２　ギャルママを取り上げたギャル系雑誌の記事（2020〜2021年）

雑誌名	発行	記事タイトル
egg 2020 FUN TO DREAM★	2020年３月	ギャルママ対談 SPECIAL☆
egg 2020 Go On Summer	2020年８月	令和版★ギャルママ協会発足 !!
egg2021 Connect to PEP	2021年３月	令和版ギャルママ集合 いっぱいお話し〜ましょ!
egg2021 Summer & Autumn	2021年８月	夏こそリンクコーデ !! ギャルママ大集合★
Happie nuts	2020年10月号	かとみかマタニティライフ
Happie nuts	2021年10月号	ぴとＣベイビー授かりました報告
姉 ageha	2021年３月号	ママの会リターンズ

出所）筆者作成。

ギャルママがメディアに取り上げられなくなったことは、ギャルママが消えていなくなったことを意味しているのではなく、母親のフォーク・デビルとして一般に知られるところになり、一方でメディアにとっては特に取り上げるべき存在ではなくなったのだと考えられる。こうしたマスメディアの反応に対して、２０２０年、２０２１年に発行されたギャル系雑誌においてギャルママを取り上げている記事をまとめた**表２**にみられるように、ギャル系雑誌やギャルのメディアのなかでは依然としてギャルママに関する記事が掲載され、トピックとして扱われている。

ギャルを対象としたメディアの中で子どもをもつギャルという存在が台頭してきた１９９０年代に対して、２０００年代に入ると集団に「ギャルママ」という名前がつけられ、マスメディアに紹介されるようになる。２０１０年代には、後述するように、特に社会的な関心を集め、ギャルママたち自身の活動だけではなく企業のビジネスパートナーとして、さらには消費の担い手として注目を浴びていた。そして２０１０年代後半以降になると、母親のフォーク・デビルとして定着したと整理することができる。

ギャルママは既存の母親像を変える可能性をもった存在として、メディアやマーケターに肯定的に評価されてきた。ギャルママはボランティアや社会貢献に対する意識が高く（植田 2012；『宣伝会議』2012年9月15日）、地域の清掃活動（読売新聞2010年11月26日）や募金活動（読売新聞2010年12月21日）、被災地支援（毎日新聞2011年12月18日）、地域興し（朝日新聞2015年6月23日）といった地域社会への貢献活動をおこなっている。また母親同士の育児相談（朝日新聞2010年9月25日）や母親の孤立を防ぐことを目的としたイベントの開催（毎日新聞2012年7月26日）、母親向けの疾病啓蒙イベントの開催（朝日新聞2012年6月20日）などにも取り組んでいる。こうしたギャルママの団結力の強さやネットワークに加えて消費における牽引力はマーケターの注目を集め（日経MJ2010年9月1日；『日経 TRENDY』2011年3月）、東大阪市中小企業連合「ギャルママ商品開発部」（『広報会議』2013年10月）や味の素「mamaごはん」（日本経済新聞2010年8月8日）、凸版印刷「ママカワ・リサーチ・プレス」（日経MJ2011年6月15日）といったギャルママと企業の共同プロジェクトや、イオン・イオンリテール「ママコレ×イオン」（日経MJ2010年11月14日）やタカラトミー「リボンモード」のようにギャルママを消費ターゲットにすえた商品やブランド展開もあった（日経MJ2010年9月1日）。こうした共同プロジェクトのまとめ役を務めていた河北一朗によれば、こうした取り組みをおこなった理由は「既成の商品はどれも似たような色で、自分らしさを求める女性から不評だったため」である（日本経済新聞2012年11月3日）。つまり自分らしさや個性、自己の主張にこだわりをもちたい母親たちであるとギャルママは捉えられており、そうした母親たちに刺さる商品を展開することが消費の刺激になると考えられたのである。また雑誌『I LOVE mama』やテレビ番組『カリスmama〜ママたちの美力選手権〜』などのギャルママをターゲットにしたメディアコンテンツも展開された（メディア・リサーチ・センター 2009：ＮＨＫクロニクル）。コラムニストの石原壮一郎はギャルママを「今までの常識や価値観に安住しないで新しい幸せを切り開いていこうという姿勢は、本能的に従来のがんじがらめの母親像を変えていく存在なのかもしれない」と評している（『ダカーポ』20（18））。ほかにも、「子育てを積極的に楽しみ、オシャレ心を忘れないギャルママたち。そこには日本の少子化を打破するキーワードが隠されているように感じられた」と述べられていたり（『週刊東洋経済』２０１０年06月26日）、自分らしさを尊重する家族像としてギャルママが挙げられたりしている（日本経済新聞１９９９年11月18日）。このようにメディアやマーケットのなかでは、既存の母親像とは異なる自分らしさを追求する母親像としてギャルママは肯定的に捉えられていたのである。

しかしながら、ギャルママというありかたは必ずしも歓迎されていたわけではない（松谷 2012）。その理由はギャルママの外見や服装に関する特徴によってこれまで説明されてきた。藏は、社会的地位を表す女子高生や女子大学生などの言葉があるにもかかわらずギャルやコギャルといった言葉が流布したことについて、それは外見や服装が無視できない要素であることを示唆していると論じている（藏 1996）。実際に、ギャルママは派手な外見などから一般の母親グループに馴染むことができなかったため、ギャルママ同士のママサークルを各地で結成していったことが紹介されている（日経ＭＪ２００４年４月１日）。それらのギャルママサークルを統合していくかたちで立ち上げられた日本ギャルママ協会のホームページの冒頭にも「ギャルママと言う事だけで、見た目から判断されているという現状があ」ることが示されている（石川 2013：26）。さらには、育児誌とギャルママを読者に想定する雑誌を比較した石川は、ギャルママ雑誌にはファッションに関する記事が多く、そうした特徴が示唆する母親が自分自身の外見に関心を寄せている態度は母親としての自己犠牲に欠ける行為だとみなされるためにギャルママは批判されてしまうと述べている（石川 2013）。このようにギャルママの外見や服装、ファッションが母親という枠組みのなかでは特徴的なものであり、そのことが異質視される一つの要因となっていることが示唆される。特に日本では、1990年代以降に児童虐待への関心が高まり、規範的な家族像、母親像から外れた人々は虐待者やその予備軍としてフォーク・デビル化されてきた（上野・野村 2003）が、ギャルママもまた虐待の問題と結びつけられ、フォーク・デビル化されていた。たとえば2008年4月17日の『週刊文春』には「『コギャル世代』が親になって…… 児童虐待　我が子を殺す母親たち」という記事が掲載されている。この記事は、必ずしも元ギャルやギャルママのケースだけを紹介しているわけではなく、経済的に豊かな家庭の虐待なども取り上げている一方で、タイトルには「コギャル世代」の文字が並び、コギャルの価値観は自己中心的な思考であるとした上で、そうした考えをもった母親は親としての自覚や責任感をもちようがないと論じるなど、ギャル文化と虐待の問題が結びつけられていた。

ほかの母親たちとは異なると認識されていたギャルママのファッションは、そのまま彼女たちが母親らしさとは離れた母親であるというメッセージとして受け止められてきたのだ。服装は礼儀作法などとともに個人のアイデンティティの核を担うものであり（北山 1999）、私たちにとってどのような服装を選択するかということは、単なる衣服の選択ではなく、個人の生きる姿勢にかかわっている（小池 1998）。一方で服装から読み取られる情報は他者との適切な相互作用のありかたを決定し、他者を理解するうえで極めて重要な情報となる（永野 1996）。つまり服装は自分から見せるものであるとともに他者にも見られるものなのである。もちろん衣服を着用する理由には身体の保護や慎みといった側面もある。しかしながら私たちは服装からさまざまな情報を読み取っている。哲学の立場からファッションについて論じた鷲田によれば、服装にはその社会の観念やらしさ、イメージという象徴的な意味が付与されている。たとえば性別によって着用する衣服が異なるが、それは性差が服装の差を決めているのではなく、ズボンを履いているから男性、スカートを履いているから女性であるというように、服装の差異が性別の違いというものを規定させている（鷲田 2012）。鷲田が指摘するように、私たちは服装から相手のことを理解しようとするとき、その服装に紐づけられている記号化されたイメージを読み解いているのである。つまり、ギャルママがほか母親とは異なる外見をすることは、自分らしさの発揮である一方で母親としての異質さを表明することでもあり、またそう読み取られる行為だといえる。そのためギャルママは母親としての立場よりも自分のことを優先させる異質な母親として社会的に捉えられてきたと考えられる。

ギャルママが「ママ」ではなく「ギャルママ」として現象化されてきたこと、すなわち２０００年代以降の日本社会における規範的な母親像とは異なる異質な母親像として浮かび上がっていたことは、母親であること、さらにいえば、母親に対する社会の期待や規範、母親像と母親の自分らしさとの間に生じる役割葛藤の問題であると捉えられる。役割葛藤の問題を検討することは役割を分析することの重要性を示すことであり、人々がどのように葛藤を回避しようとしているかというメカニズムや、あるいは回避できない葛藤にはどのようなメカニズムがあるかを解明できる（Goffman 1961=1985）。ゴッフマンによれば、役割とは地位に紐づいて期待される規範的な振る舞いであり、周囲の人々や社会との相互作用のなかでは役割を演じるということが生じる。そのため役割には社会化の原理が含まれている。そして役割は服装やマナーなどといった地位を示す手がかりによって象徴されるものであり、それらは役割の概念像を分析する体系的な例である。こうしたゴッフマンの議論からも、ギャルママの外見上の差異は母親に求められる規範的なイメージから離れている、すなわち母親としての社会化が不十分であるとみなされてしまうということが示唆されるとともに外見や服装のイメージが役割と結びついた問題であることが示される。さらにゴッフマンは社会的に期待される役割とそれをどのように演じるかという実際の行為としての役割とは区別するべきであると論じ、社会的期待としての役割とパフォーマンスとしての役割との間に生じるずれ、つまり役割距離に着目した。この社会的期待と自分自身の意志の結果としてのパフォーマンスとの間にあるずれが役割葛藤である（Goffman 1961=1985）。母親という地位に対して社会的に期待されること、すなわち今日の日本社会における母親規範と、今日の若い母親たちが演じている母親という役割との間にはずれが生じている。とりわけギャルママは役割を象徴する服装において、このずれが大きいと思われる。

2　拡大しつづける母親の役割葛藤

ギャルママによって顕在化されたファッションや外見における母親らしさの問題の背景には、日本社会において母親の役割葛藤は大きくなる一方だという状況がある。もちろん子どもをもち母親になるということは母親という役割の獲得と母親であることをアイデンティティに統合していくことであるため（武内 2002）、母親という役割や母親らしさもその人のアイデンティティや自分らしさに包含されるものであると考えられる。しかしながら、本書が着目したいのは、母親として社会的に期待されていることと個としての希望や考え、行動との間にあるずれとそこに生じる葛藤の問題である。

母親に対して要求されている社会的期待の水準は高まり続けている。近代以降の育児の主たる担い手は母親であるが、その支え手は、戦前の家事使用人、戦後移行期の親族、高度経済成長期以降の子育て仲間と歴史的に変化してきている（松田 2008）。しかしながら松田によれば、住み込みで仕事として家事や育児をした家事使用人に比べて子育て仲間からは物理的なサポートは得られにくくなっているなど、時代を経るとともに支え手全体のサポート力は低下している。その一方で、日本では1960年代以降、子どもの学歴に関心を払いつつ親子の触れ合いを大事にしながら生活習慣や礼儀作法を習得させることを親の責任と考える「教育する家族」が大衆化した（広田 1996）。とりわけ「いい企業」に就職させるために「いい学校」にいかせようと子どもの教育に苦心する「教育ママ」は戦後の日本において支配的な母親像として定着し、さらにその後、教育達成以外の付加価値をつけることやデリケートな子どもを細やかにケアすることなどもその担うべき役割とされるなど母親への期待水準は上昇してきた（本田 2000）。

子どもを育てることに関して、母親にのしかかるプレッシャーが大きくなるなかで、母親の育児不安が社会問題化していった。１９７０年代になると子どもに過干渉になる母親や一方で子どもを虐待する母親、あるいは子どもの非行といった家族の問題が顕在化したのである（落合 2019）。そうした問題の原因が解明されていくなかで母親たちが子育てに対して不安を抱えており、事態の解決には夫の育児参加と母子密着の解消が重要であることが明らかになった（牧野 2005）。つまり子育ての過剰な期待と責任が母親に集中している状況が問題であると指摘され、母親が自分の時間や自分の人間関係をもつことが重要であると説かれたのである。

こうした母親の問題の背景には、少子化や長命化という社会変動がある。柏木によれば、かつては子どもの数も多く長寿でもなかったため、子育てが終わると同時に親自身の一生は終わりを迎えていたが、少子化と長命化という社会変動のなかで子どもの数が減り寿命が延びると、母親としての自分ではない自分が必要になってきた。これは女性のライフコース選択の問題でもあり、現代の若い母親たちは子育て以外にエネルギーを向けられる場所や生きがいをもつ必要があると考えるようになった。しかし一方で母親に一任された子育てから逃れることもできていないため、やりたいことができないイライラや焦りを感じている（柏木 2001）。母親は、母親になることで得られる喜びや幸せを感じる一方で、自己実現や自分らしさが満たされないことで生じる育児の負担感をもたざるを得ないなど、母親になるという経験は複雑なものであり（徳田 2002）、子育てを大事にしたいという意識と自分の生きかたも大切にしたいという意識との間で葛藤に晒されている（江原 2000）。そうした意識と育児を一任されている現実との不一致が心理的不安定感を生み出している。加えて、現代の価値観の多様化に合わせた育児スタイルの多様化も母親に主体的な選択の余地を与える一方で心理的負担や不安の増長にもなっている（大日向 2016）。

少子化を危惧する政府は、こうした母親の役割葛藤もその要因にあると位置づけ、1990年代以降「エンゼルプラン」などの子育て支援計画を策定し、子育てと仕事の両立のサポートや母親の孤立を防ぐネットワークづくりの奨励、父親の育児参加の促進などの取り組みを推進し（齋藤 2007）、専業主婦[*2]も含めた子育て支援が展開されている（井上 2013）。自治体は父親の育児参加を促すためのプロジェクトやサポートを展開し（小崎・水野 2015；足立 2020）、企業も子育てとの両立をさせるさまざまな施策に取り組んできた（友川ほか 2019）。母親たちも、母親であればいつでも誰でも仲間になれる育児サークルを自主的に立ち上げ（藤本 2003）、保健所や保健師などの育児をサポートする実務者はそうした育児サークルへの支援を積極的におこなうなど、母親のママ友づくりを促してきた（山縣 2009；岡田ほか 2012）。こうした取り組みの成果もあり、子育て期の女性の就業率、第一子出産前後の就業継続率、あるいはM字カーブの底は上昇しており、結婚・出産・子育てを通じて女性が就業を継続することに対して賛成する人の割合も高まっている（国立社会保障・人口問題研究所「出生動向基本調査」)。また近年では積極的に子育てに関与する父親、いわゆる「イクメン」という言葉も登場し、メディアを中心にとりざたされている。

しかしながら、問題は依然として解決していない。父親の育児参加に関しては、男性の家事・育児時間は少なく(総務省「社会生活基本調査」)、家事育児時間の偏りは依然として生じている。また父親の育児参加は限定的なものであり、毎日決まった時間に行うことが求められる身の回りの世話などは母親が担っている(片桐 2016)。就業との両立という点でも、就業継続を希望しても退職せざるを得ない人々がおり、産休・育休・短時間勤務の長期にわたる利用がキャリア形成を阻害しているという現状がある(内閣府「女性のライフプランニング支援に関する調査」)。保育士の不足などによる待機児童問題も依然として解決されていない(清水 2018)。母親の孤立を防ぐために重要視されたママ友という人間関係も、ママ友との考えかたや金銭感覚、生活水準の違いから対人葛藤が生じていたり(中山・池田 2014)、ママ友との間に個としての関係性が形成しにくかったりするといった問題が指摘されている(實川・砂上 2013)。ママ友内部の序列関係や格付けのことを指した「ママカースト」の序列は、夫の給与や会社での地位、子どもの成績のよしあしなどが指標となって決まる代理戦争であり、自分自身がもっているスキルや人脈、自分の行動で変えられるもので戦えないことが事態をより複雑なものにしている(白河 2013)。このように依然として母親としての自分と個としての自分の両立にはさまざまな課題が残されており、母親として求められることと自分の個としての考えや希望との間に生じる葛藤は解消されていない。

母親であるということと個としての自己の不均衡さという問題は、これまで主に母親自身の就業や学歴との関連、さらに近年では異文化という視点から論じられてきた。まず就業については、子どもは母親の手で育てるべきだという考えかた、いわゆる三歳児神話があるため、それに反して就業することが母親の葛藤につながっている（濱田 2005）。それに加えて社会のシステムとしても母親の就業が子どもの教育に不利な条件として作用している（喜多 2012）ために、育児期の母親が子育てに専念するのではなく就業するということが母親としての役割と個人としての生きかたとの間での葛藤を生むことになっている。しかし一方で育児に専念している専業主婦はというと、自身のキャリアを中断していることに対する葛藤から、自己承認を外部から得るために掲げた目標のために邁進しており（山田 2000；吉本 2018）、子育てが目的化していることも指摘されている。学歴については、高学歴の母親ほど子どもにできるだけのことをしてやるべきだという意識が強いことが明らかにされている（西村 2001）一方で、高学歴な母親ほど自己犠牲的な意識に同意しない傾向にあるため、高学歴であるほど葛藤が大きいのではないかと論じられている（井上 2003）。さらには異文化適応として、日本とは異なる子育てに対する意識や環境がある国や地域から来日した人々が日本社会の母親規範に対して抱える葛藤や適応の過程が明らかにされてきた（マルティネスほか 2012；孫 2019）。このように、高学歴化や女性の就業率の上昇といった日本社会の変動を背景に、就業の有無や学歴といった側面から議論が展開されてきた。特に日本では高学歴な女性の専業主婦化という現象があり、そのことに対する研究関心も高かったことが指摘されている（本田 2008）。

一方で、消費社会が拡大した現代では、自分らしいものの消費が促され、自分らしさが求められている。高度な産業社会ではモノの機能性というよりも記号を消費することによって差異化や個性化がなされている（Baudrillard 1970=2020）。さらにそれは、あらかじめ与えられたイメージという記号を投影することでアイデンティティを形成するだけではなく、自分なりに作り出した意味によってもアイデンティティは創出されている（玉置 2008）。日本における消費の欲求性向は高度成長期までの「人並み化」から「差別化」へと変容しており、人々は示差性とそれに基づく希少性の再生産を続けている（上野 1992）。とりわけ1990年代後半からは自分の好きなことをすることをよいことだとする自分らしさのイデオロギーが浸透し、それは家族に関わる行動にも反映されている（山田 2005）。

そうした状況では、特にファッションや外見、身体の重要性が高まっていく。ファッションは自己表現のシステムであり、自分らしさが求められる現代社会ではそれを表現するためにファッションに依存せざるを得ない（河原 2005）。とりわけ、女性にとってファッションは主体的な操作の可能性をもつものであり、アイデンティティの表現手段として能動的営みとなりうる（高井 2017）。人が身体加工をする背景を論じた西山によれば、あらゆるものが不確かで曖昧な現代社会では、独占的なメディアとしての身体の存在感が増している（西山 2010）。

このような状況をふまえると、母親の役割葛藤は依然として解消されていないばかりでなく、その問題は服装や外見といった側面にも及んでくる、あるいはもう及んでいることが予想される。しかしその一方で、次章で詳述するように、母親規範や母親らしさに関する議論のなかで、母親のファッションや外見についてはあまり注目されてこなかったという背景がある。このような状況の中で２０００年代以降、関心を集めたのがギャルママである。言い換えれば、ギャルママの役割葛藤とは、母親役割と消費文化や大衆文化、服装や外見といったものが交差する点である。

3　サブカルチャーが可能にする母親規範の再考

ギャルママは母親の外見やファッションという点で注目すべき存在であるが、それを調査研究することは単に特異な母親集団の実態を明らかにすることではない。ギャルママは現代の日本社会における母親規範を再考させる可能性をはらんでいると考えられるのである。

ギャルママはギャル文化から派生したものであるが、ギャルママやギャル文化は不良少年少女のサブカルチャーの延長線上に位置づけられ、これらのサブカルチャーを受容する人々は中流とは異なる価値観をもつと捉えられてきた。戦後のユース・サブカルチャーズについて体系的に考察した難波によると、暴走族やヤンキーといった学校文化から落ちこぼれた不良少年少女のサブカルチャーの延長線上に「ギャル」は位置づけられ、これらは中流の価値観と相対的に区別され、下層なものだとみなされてきた（難波 2009）。佐々木によれば、ヤンキーの価値観は競争原理に基づいて地位達成を目指すというものではなく自由と自立の重視であり、家族と共有された生活様式から学歴よりも労働を選択する（佐々木 2000）。一方で女性に性的で家庭的であることを求める保守的な性別役割意識が強く

（難波 2009）、家庭や家族への思いが強いこと（永江 2009）も指摘されている。ギャルについても、ギャル系雑誌の購読者は自由や自己主張、個性といった価値観にアイデンティファイすることや（佐藤（佐久間）2002）、ギャルはファッションにおいて目立つことを志向していることや価値観としてギャップが重視されていること（荒井 2009）、上昇志向がみられないこと（三浦 2006）や専業主婦志向が強いこと（三浦 2008）、自分たち以外の他者を想定せずに振る舞う行動様式（諸橋 2006）、他者からの評価よりも自己の満足感を重視して自分のやりたいことをやることがギャルのマインドである（長谷川 2015）といった指摘がされている。ファッションのスタイルには彼女たちなりの美意識があるものの（成実 2004）、外からみれば露悪趣味であることが指摘されている（諸橋 2006）。そうしたギャルのファッションは大人という他者からみると似たようなものであるが、その集団内部では、差異の比較や評価といったビジュアルを通じたコミュニケーションがおこなわれていたことが指摘されている（久保 2019）。

こうした暴走族やヤンキー、ギャルという一連のサブカルチャーは、近代社会におけるよい子ども像とは異なる像として位置づけられる。新中間層の教育意識は子どもの純真さを賛美する一方で学歴をつけることで無知な状態から脱却させようとする心性であった（沢山 1990）。さらにそうした童心主義と学歴主義に加えて厳格主義という3つの目標を併せもつ「パーフェクト・チャイルド」をつくろうとする親たちの教育関心があった（広田 1999）。子ども独自の世界を満喫し、礼儀正しく振る舞い、勉強していい学校へ進学するというパーフェクト・チャイルド像を期待する子どもに対するまなざしは今日にも存在していると指摘されている（師岡 2016）。暴走族が登場するのは1970年代であるが、当時の詰め込み教育によって生み出された勉強についていけない落ちこぼれの少年たちがその最初の担い手であり、一連のサブカルチャーは勉強のできない落ちこぼれたちの受け皿となっていった（難波 2007）。ただし、暴走族の暴走行為は落ちこぼれたことへの欲求不満や逃避、自暴自棄であるというわけでは必ずしもないことが指摘されている（佐藤 1984）。ギャルに関しても、高校でギャル化する少女たちは、勉強ができないなどの理由で中学生の頃までにいじめられた経験をもつことが多いため、高校の教師たちはギャル・ファッションを咎めるよりも、むしろ自分のやりたいことの実現を励まし、自分に自信をもてるように促していたことが指摘されている（上間 2002）。上間と同様に藤田もまたギャルになるということが当事者にとって不遇な状況やコンプレックスを乗り越える手段になっていることを指摘している（藤田 2011）。ギャルの特徴である派手なメイクや露出度の高い服装は異性に対する性的アピールではなく、他者に対する武装であるという指摘もあるように（『アエラ』1999年11月15日号）、ギャルになる／ギャルであるということは当事者にとってアイデンティティを回復し、支え、強固なものにする一つの実践であると考えられる。これらの指摘をふまえると、当事者たちには必ずしも反抗心があるわけではないが、大人が子どもに期待するよい子ども像、すなわち勉強をしていい学校へ行き、いい就職先を目指すという生きかたと照らし合わせると、暴走族やヤンキー、ギャルといった一連のサブカルチャーは規範からの逸脱であると捉えられる。こうした周縁性がギャルの集団的アイデンティティを強化し、ギャル同士のネットワーキングを盛んにしたと考えられる。ギャルママもその団結力の強さは先述したとおりである。一方で、ギャル集団の内部には階層構造があり、他校の知り合いが多く、彼氏がいて、メディアに露出している「スター」とそうした資本はもたずにスターの模倣をする「ギャル」という真似する／されるという構造があることも指摘されている（上間 2002）。

こうした落ちこぼれたちに着目した研究の源流は、ウィリスによるイギリスの労働者階級出身の若者に対する研究にある。ウィリスによれば、典型的な労働者の町の落ちこぼれたちは、教師への反抗、飲酒や喫煙、逸脱的なファッション、ふざけといった「反学校の文化」を実践している。反学校の文化は、彼らの周りの大人、言い換えれば男性労働者の世界の価値観や行動様式と結びついており、そうした価値観や行動様式を率先して獲得していく実践の一つだと捉えられる。そのため彼らにしてみれば、学校文化に順応して勉強に励むことは、将来に役立ちそうにない、なんの魅力もない行為である。学校の規範から逸脱して自ら落ちこぼれになり、自分の身近にある労働のイメージである肉体労働を選択する過程は労働者階級に生まれた子どもが労働階級になるという階級構造の再生産の過程であり、落ちこぼれたちをとりまく環境が学校での振る舞いや進路選択に影響し、長期的には不利な選択をさせている（Willis 1977=1996）。勉強して学歴を獲得し、ホワイトカラーの仕事に就いたほうが有利であるはずなのに労働者階級出身の若者はそれに反してブルーカラーの仕事を選択しているという現象に対して、ウィリスは当事者の論理に迫ることから、それは反抗や逸脱というよりも、当事者にとって身近な大人をロールモデルとした移行のプロセスであることを明らかにしたのである。こうしたウィリスのエスノグラフィックな研究は行為の背景にある当事者の論理を明らかにすることの重要性を示唆している。

ウィリスが労働者階級に着目したのとほぼ同時期に、フランスではブルデューが人々の趣味嗜好や振る舞いが階級的に分派していることを論じている。ブルデューによれば、こうした階級による差が生じる背景には、人々が意識せずにおこなう日常の慣習行動であるハビトゥスがあるからで、ハビトゥスの共通点や相違点は人々の社会的な位置の近さや遠さによって生じるため、それが階級による違いとして顕在化するのである。また、ハビトゥスが構築される具体的な場として家庭や学校が挙げられ、ハビトゥスは人々の相互行為のなかで構築され、身体化されていくものであると論じられている（Bourdieu 1979=2020）。このようにブルデューは、経済的・文化的資本の量、言い換えれば社会階層と人々の行動とには関連があることを指摘している。人々の振る舞いを社会構造という側面からアプローチしたブルデューの視点に対して、当事者の論理からアプローチをしているのが先に挙げたウィリスであるが、彼が注目した労働者階級出身の若者たちの行動や選択もまた当事者の社会的位置と深い関わりがあると考えられ、生まれ育った階層の再生産という側面を内包していた。これらの議論をふまえると、あるサブカルチャーに着目することはそれに紐づく社会階層との関連を議論することであると考えられる。

しかしその一方で、既存の暴走族やヤンキー、ギャルの研究では、こうしたサブカルチャーを受容する若者は必ずしも同じ社会階層に属しているわけではないことが指摘されている。まず暴走族については、統計的データから中流家庭出身者が暴走族になっていることが示されている（難波 2007）。ギャルについても、女子高校で参与観察をおこなった上間は、ギャルの出身家庭の階層がブルーカラー層に偏っているわけではないことを指摘している（上間 2002）。またギャルの男性版であるギャル男のサークル活動を調査した荒井は、サークルに所属する若者たちが比較的に社会的地位の高い層の出身であることを指摘している（荒井 2009：2023）。これらの指摘から、たしかに既存研究によって不良少年少女のサブカルチャーに共有されている価値観が中流とは区別されることが明らかにされてきたが、だからといって、ヤンキーやギャルというサブカルチャーを受容する人々が必ずしも社会的に下層な人々であることを意味しているわけではないと考えられる。そのため、一連のサブカルチャーを社会的に下層な人々の文化として捉えようとすることには限界があると考えられる。

こうした限界に対して別の視座を示唆してくれるのがアメリカの都市社会学の知見である。20世紀初頭の都市化が著しいアメリカでは、それに伴う社会の解体や逸脱、犯罪行為が問題視されていた。そうしたアメリカ社会の現状を捉えようとしたシカゴ学派の都市研究では、当初、逸脱行為が蔓延する都市の問題は、農村社会における共同体的な秩序が弛緩した結果であるなどと捉えられてきた（Wirth 1983=2011）。こうした都市へのまなざしに対して、フィッシャーは、都市と農村の違いは「非通念性」にあると指摘し、それによって都市には多様な下位文化が生み出されていると論じた。非通念性とは「社会に支配的で伝統的な規範から外れた行動様式を取る傾向」で、それは逸脱や社会の解体をもたらすのではなく、創造性や革新性を伴うものである（Fisher 1975=1993：54）。フィッシャーの議論は、それまでネガティブなイメージが強調されてきた都市や都市的生活様式をポジティブなものへと変換させるものとして注目を浴び、アメリカ国内での実証的研究（Fisher 1982=2002）だけではなく、日本でも検証がされている（赤枝 2012）。フィッシャーの下位文化理論はその後パーソナル・ネットワークという視点から深化されていくが、フィッシャーが提示した非通念性という概念は、それまで逸脱行為としてみなされていたものは単なる逸脱ではなく、さまざまな価値観が生まれた結果、浮かび上がった差異であり、その社会にある多様な規範との間での相対比較にすぎないことを示唆している。

こうした議論に通ずるのが同じくシカゴ学派のベッカーが提唱したラベリング理論である。ベッカーは、逸脱性は当事者の属性などといった内部的要因に起因するものであるというそれまでの捉えかたに対して、社会の側がラベリングをして対象者らに逸脱性を与えているのだと論じた（Becker 1963=2011）。つまり逸脱は当事者と周囲の人々、社会との相互作用の結果生み出されるものなのである。こうしたフィッシャーやベッカーの議論をふまえると、サブカルチャーに着目することは、当該のサブカルチャーがなぜ非通念的であるのかを相対比較のなかから明らかにするとともに、それを非通念的なものたらしめる通念的な行動様式とは何かを明らかにすることなのではないだろうか。

サブカルチャーとは、「その社会において異物として認識され、あえて名指されざるをえないウェイズ・オブ・ライフ」であり、サブカルチャーに注目することはその社会の中でサブカルチャーを「サブ」カルチャーたらしめている通念的文化を浮かび上がらせることである（難波 2007：25）。サブカルチャーの捉えかたについて、難波は①上位文化に対する下位文化、②全体文化に対する部分文化、③主流文化に対する傍流文化、④通念的文化に対する非通念的文化、という四つの捉えかたがあると整理し、①および②は文化間の優劣や上下関係といった対等ではない関係性が前提であり、また③もすでにある文化に対する抵抗や対抗として立ち現れる文化だというように二項対立として文化を捉える視座を脱却しきることができないことを指摘している。これに対して④の立場は、文化が対立的な関係にあると捉えるのではなく、あるサブカルチャーに名前がつけられ、ときに問題視され、その像が際立つことと相即的にそのサブカルチャーを「サブ」カルチャーだと位置づける通念的文化を浮かび上がらせるものだと捉えるものである。言い換えれば、何らかのサブカルチャーが際立ち特徴づけられることから、逆に当該社会における通念や常識が照射される（難波 2007）。

本書は、フィッシャーや難波の議論に依拠し、ギャルママというサブカルチャー集団に着目することから、ギャルママを異質な母親像たらしめている現代社会の通念的な母親像、母親規範とは何かを検討することが可能になると考える。無論、ギャルママを分析対象とすることで現代の日本社会における母親規範のすべてが議論できると考えるわけではない。しかしながら、ギャルママという存在が、とりわけ外見上の母親らしさとの間で特徴づけられ、ときに問題視されていることから、ギャルママに焦点を当てることで現代社会における通念的な母親像、とりわけ外見上のイメージを含みつつ通念的な母親像、言い換えれば母親規範を再考することが可能になると考える。本書は、「ママ」ではなく「ギャルママ」という異質な母親像として立ち現れたギャルママを分析対象として、そのサブカルチャーのライフスタイルを描き出しながら、それをサブたらしめる今日の社会に通念的な母親像、すなわち母親規範とは何かを探る試みである。

注記

＊1　現在確認できる範囲では、ギャル系雑誌『Happie nuts（インフォレスト）』の1999年10月号にはギャルママに関する連載記事があった。

＊2　井上（2013）は、日本では結婚や出産を機に退職し、子育てが落ち着いたら再就職するというライフコースが女性の典型的なパターンであることを念頭に、育児期に就業していない母親のことを「専業母」として育児期後に就業していない女性と区別しているが、本書では全体で統一して「専業主婦」とした。

Chapter 01

母親らしさとは何か

はじめに

近代家族は大衆化したのちに多様化してきており、それと連動するかたちで社会的な母親への期待や母親とはこうあるべきだという母親規範も変化しつつある。しかしながら母親像がどのように多様化してきているのかは十分に検証されているわけではない。本章では、近代家族の母親規範に関する議論を整理し、既存研究に残されている課題が何かを探っていく。第1節では近代家族の成立とその変化に関する議論を、第2節では近代家族の母親規範についての議論を整理する。そして第3節で既存研究の限界と課題を挙げたうえで、第4節で改めて本書の目的や明らかにしたい問いを整理し、それらの問いをどのように分析していくかを示す。

1　近代家族の成立と大衆化、そして多様化

(1) 近代家族の特徴

今日の私たちが当たり前だと捉えている家族のありかたは普遍的な家族のありかたではない。たとえば、アリエスによれば、子どもという存在は近代になって発見されたものである。アリエスは絵画などのさまざまな資料から、中世のヨーロッパでは子どもは小さい大人として扱われていたのに対し、17世紀以降になると子どもは大人と区別され、子どもを大切に愛し養育するという意識が顕在化していくことを指摘した（Ariès 1960=1980）。バダンテールも前近代の社会は子どもに対する考えかたが現代とは異なり、子どもを可愛がる対象としては捉えてはいなかった一方で、近代では女性が子どもの教育を引き受けることで、家族の物質的財産に対する権力と子どもに対する権力を増大させることができ、家庭の中心になることができたと論じている（Badinter 1980=1991）。日本においても同様の変化がみられる。小山によれば、江戸時代の日本では、女性には子どもを産むことは期待されていたが、育てることは期待されていなかった。特に男児の教育や躾は父親の役割であった。しかし近代化以降、ヨーロッパから持ち込まれた良妻賢母規範が日本においても浸透し、母親役割、とりわけ子どもの教育という役割が強調されていったことを指摘している（小山 1991）。こうした子どもに対する意識やそれと連動した女性の役割という側面からも歴史的な変化が見出される。言い換えれば、現代の家族

を深く性格づけている特徴は、階層や地域による差はあるものの、近代がもたらした歴史的特性である（牟田 1996）。このように、歴史社会学や家族史研究は、私たちが当たり前だと思っている家族の姿は近代社会によって生み出されたものであることを明らかにしてきた。

近代化という社会や文化の変化は、もちろん家族にも大きな変化を及ぼした。なかでも工業化によって、公的領域と私的領域が分離したことで、それまでは家族のなかでおこなわれていた教育や生産といった機能のほとんどが家族から失われ弱体化し、愛情機能のみが重要性を増した（Ogburn 1955）。そのような近代社会に特徴的な家族のありかたを「近代家族」という。ショーターは、近代家族の要件に①ロマンス革命、②母子の情緒的絆、③世帯の自律性、の三点を挙げ、その規範には①夫婦間の絆の規範としてロマティックラブ・イデオロギー、②母子間の絆の規範として母性イデオロギー、③家族の集団性の規範として家庭イデオロギー、の三点があると論じている（Shorter 1975=1987）。またパーソンズは、家族を社会システムの中のサブシステムであると規定し、家族の基本的機能は①子どもの基礎的社会化、②成人のパーソナリティの安定化であると論じている（Parsons & Bales 1955=2001）。このように封建的な社会から近代社会への移行とそれに伴う社会や文化の変化は家族にも大きな変化を及ぼした。とりわけ産業構造が変化し公的領域と私的領域が分離したことによって、性別による役割分業が確立され、再生産や子どもの社会化といった役割が家庭に期待されるようになり、また家族成員の情緒的な関係性がより重要になっていった。

近代社会とともに出現した近代家族にはいくつかの特徴がある。落合は、近代家族の特徴を①家内領域と公共領域の分離、②家族成員相互の強い情緒的関係、③子ども中心主義、④男は公共領域・女は家内領域という性別分業、⑤家族の集団性の強化、⑥社交の衰退、⑦非親族の排除、⑧核家族、の八点であるとまとめている。ただし、最後の核家族については、日本には直系家族の規範があるため、家族形態に関してはすえおいた方が良いと論じている（落合 2019）。こうした落合の指摘に対して西川は、近代家族を近代国家の単位であると定義づけ、落合の八項目に加えて、⑨この家族の統括者は夫である、を近代家族の一般的性質もしくはメルクマークにすべきだと論じている（西川 2000）。また山田は、①外の世界から隔離された私的領域、②家族成員の再生産・生活保障、③家族成員の感情マネージャー、の三点を近代家族の特徴として指摘している（山田 1994）。このように論者によって具体的な項目には違いがあるものの、①世帯の自律性、②性別による役割分業、③母子を中心とする成員間の情緒的つながりが近代家族の特徴であると整理することができる。

(2) 日本における近代家族の成立と大衆化

大正期の新中間層にはじまる日本の近代家族は、当初は一つの家族のありかたにすぎなかったが、戦後になり大衆化し規範性を帯びていった。日本における近代家族の歴史的変化について、落合によれば、近代家族が日本でも実現されるようになった当時、それは社会全域に存在していたわけではなく、都市の中流階級が女中を伴う近代家族を形成していた。そして戦後の産業構造の変化にともなって、女中のいない近代家族が大衆化していくことになる。落合は女中を伴う家族を「19世紀家族」、戦後の女中のいない大衆化した家族を「20世紀家族」と分けて捉えている。近代家族の普及の流れはすなわち、戦前には「農家の嫁」や商家の嫁である「ごりょんさん」などいろいろな社会的役割を担う女性たちがいる中の一つとしてサラリーマン家庭の専業主婦があったが、戦後、主婦というありかたが大衆化し多数派になったことを意味している。この量的な問題は規範性の強さと関係しており、近代家族であることや女性にとっては主婦であることが強い規範性を帯びるようになった（落合 2019）。また山田は大正期の都市サラリーマン層に普及した日本の近代家族は敗戦とともに新しい家族のモデルとされ普及し、１９７０年頃に近代家族は広く定着したと論じている。さらには、近代家族の専業主婦というありかたは戦前から庶民の理想像であり、戦後も妻が専業主婦で夫の収入だけで家計が維持できる家族は、中流家庭であるという差異化の一つの表現として機能したため、専業主婦への憧れが強く語られたことを指摘している（山田 1994）。このように戦前の日本社会にはさまざまな家族があり、近代家族はバリエーションの一つであったが、高度経済成長期に性別役割分業に基づく近代家族が大衆化し、多様であったはずの家族のありかたが画一的なものになっていった。

ただし、家族形態としては三世代が同居する家族も一定数存在していた（総務省「国勢調査報告」）。こうした日本社会の特徴について上野は、核家族が規範的モデルとなっているため、拡大家族世帯の場合でも現実的には核家族世帯を営んでいるという欧米とは異なる特徴的な実態が日本では生じていることを指摘し、その背景には日本の工業化が家内工業に担われて進行し、家族経営の零細企業に依存してきたことがあると論じている（上野 1994）。このように性別役割に基づいた近代家族は大正期の新中間層にはじまり、１９７０年代に大衆化した。その過程で近代家族であることが理想や規範となり、一般に家族といったときに想起されるイメージは近代家族のイメージになっていった。

(3) 社会の変動と連動した家族の多様化

日本における近代家族は１９７０年代に大衆化したが、その後の女性の就業率の上昇や共働き世帯数の増加といった変化から、家族のありかたは再び多様なものになりつつあるといえる。まず、主婦であることの規範性が高まった時期に主婦になった女性たち、言い換えれば主婦化がもっとも進んだ団塊世代の女性たちは、その後、再就職、カルチャーセンター、社会運動・政治活動に参加するなどして主婦役割からの脱却を目指していった（落合 2019）。内閣府の統計データをみると、子育て期の女性の就業率は昭和61（１９８６）年から平成28（２０１６）年の30年間で15・６ポイント上昇している。また女性の理想のライフコースに対する意識も、結婚・出産を経ても働き続けるのが良いという意見に賛成する割合が半数を上回っている（内閣府「男女共同参画白書」）。女性の就業率が上昇したことからもわかるように、１９９７年以降、共働き世帯の数が片働き世帯を上回っている（総務省「労働力調査特別調査」）。このように「夫が働き、妻が家事をする」という性別役割に基づいた近代家族は徐々に変化し、専業主婦（夫）のいる家族や夫婦共働きの家族、その働きかたもフルタイムやパートタイムなど、家族の姿は多様なものになりつつある。また内閣府によれば、婚姻件数、婚姻率はともに減少傾向にあり（内閣府「少子化社会対策白書」）、離婚件数もピークの２００３年よりは減少しているが、年間20万件あたりで推移している（厚生労働省「人口動態調査」）。こうした統計が示すとおり、未婚や離婚も増加しており、家族をつくることやその関係性を維持することについてもその安定性は低下して、家族に関する行動についてはさまざまな選択がなされているといえる。こうした日本の家族の変化について目黒は、個人は家族を通じて社会的に位置づけられていたが、個人が直接に社会と結びつくようになった結果、家族というものが個人にとって選択されうるものになったと論じている（目黒 1987）。

こうした多様化の背景には、社会が後期近代に突入したことによって生じた流動化や個人化の流れがあり、家族に関する行動にも個人の意思や選択が大きく関わるようになっている。近代社会の特徴は再帰性にあると指摘するギデンズによれば、伝統や強大な権力によって社会の制度が守られていた前近代に対して、近代は社会の変化が激しいため、常に見直しや作り替えが求められる再帰性の高い社会である（Giddens 1992=1995）。そのように再帰性が高まった状況は、夫婦や親子といった親密な関係性も解消したり見直されたりする対象となりうる。バウマンも近代の特徴をその流動性に見出しており、再帰性の高まりによって安定性が失われた「液状化した社会」では、夫婦関係も決して安定したものではなくなることを指摘している（Bauman 2000=2001）。

家族の多様化の背景には近代社会、後期近代社会の特徴があるといえるが、一方でギデンズやバウマンが指摘するような結婚をしない、結婚しても離婚をする、子どもをもたないといった家族自体の解体とは異なる次元で進行する個人化の流れもある。山田は家族の個人化を二つの次元にわけて捉えている。一つは家族関係自体の選択不可能性や解消困難性は維持されたまま、家族に関する行動の選択可能性が増大するという意味での個人化である。もう一つは家族関係自体の選択や解消の可能性が増大するという意味での個人化である。前者では家族が社会との付き合いかたを選択する自由と家族内部での行動の自由があり、さまざまな規範に反する選択が可能になり、規範に反したときのサンクションが低下するという個人化である。一方で後者は夫婦関係や親子関係における関係性の選択自体が可能になり、個人に委ねられているという本質的個人化である。この二つの次元の個人化が日本では１９９０年代以降、進行している（山田 2004）。このように、異なる次元の個人化が複雑に絡み合いながら進行しているが、後期近代の社会における流動性の高まりが家族に関する行為や行動にも個人の自由を許容し、多様なありかたが顕在化していくようになったといえる。

2　近代家族の母親規範

(1) 自己犠牲的な母親像の定着とその変化

母親に対する社会的期待は、先述したように、時代によって異なる。特に近代という時代、近代家族において母親に期待されていることが近代家族の母親規範であるが、近代家族の母親規範もまた徐々に変化しつつある。

近代の日本社会においては、自分のことよりも子どものことを優先するという自己犠牲的な母親像が規範性を帯びていた。グードによれば、人間のコミュニティと文化は社会化がどれだけ有効に行われているかに依存しているため家族による社会化が重要である。そのとき父親よりも母親の方が親としての責任が自明視されるのは、生物学的な結びつきが明らかであるからで、ゆえに母親が親としての社会的責任を放棄したり拒否したりすることは重大な役割背反であるとみなされる。特に性別役割分業に基づく近代家族では、母親であることだけが存在証明になりえたため、母子密着という状況が生じた（Goode 1964=1967）。テレビドラマなどのメディア表象を資料にして日本人にとっての母親の概念とはいかなるものかを検討した山村は、日本の親子関係も母子の密着が特徴であり、それは母親の自己犠牲的な献身によって支えられてきたことを指摘している（山村 1971）。こうした自己犠牲的で献身的な母親像は、牟田によると、近代家族が日本でも実現できる基盤が整いはじめた明治期後半から大正にかけて、女性の母親としての責務は女性がもって生まれた母性という本能によるものだという考えが広まることによって一層強調されていくことになった（牟田 1996）。さらに戦後は、こうした母性言説や母性信仰に加えて、ボウルヴィのアタッチメント理論（Bowlby 1969=1981）が紹介されたこと、さらには母親不在の弊害が重視されたことによって（大日向 2016）、母子密着の状況はより強固なものになっていった。特に１９６０年代以降には「教育する家族」（広田 1996）や「教育ママ」の定着と期待水準の上昇（本田 2000）という現象も生じていく。育児期の母親の自己犠牲の意識は２０００年前後の時点でも全体として高いことが指摘されており（井上 2003）、自己犠牲の母親像は依然として根強く共有される母親像であると考えられる。

一方で、そうした自己犠牲の母親という規範が変化しているようにみえる現象も生じている。たとえば性別役割意識について、女性の高学歴化や就業率の上昇という社会の変化と連動するかたちで、子育てと仕事とを二重に負担し両立することが新たな性別役割意識となっていった（松田 2001）。しかしその一方で1990年代後半には、経済力のある男性と結婚して専業主婦となり経済的にも時間的にも余裕のある生活を送りつつ趣味的な仕事をしたいという若い女性の専業主婦願望も指摘されている（厚生省「厚生白書」）。さらには、学歴が上昇すると性別役割に否定的になることや経済的に中流層が否定的である一方で高階層と低階層の人々は肯定的であることが指摘されている（山口 1999）。このように性別役割に対する意識も多様化していることがうかがえる。また、メディアを通じて描かれる母親像も子どもと密着しすぎず自制する母親像が構築されるようになったことが指摘されている（津田 2013）。子育てに対する態度も、山田によれば、母親の専業主婦志向が高く、学歴が高く、夫の収入もよい場合に子どもへの期待は高まる傾向がある（山田 2000）。また、子どもはより良く育てなければならないという意識は母親の学歴が高いほど強いことが指摘されている（西村 2001）。金銭的な側面でも、教育費やそれが世帯収入に占める比率は全体として増加傾向にあるが、母親の学歴によって子どもの教育にかける金額には差があり、学歴が高いほど多くの投資をしているという指摘がある（後藤 2009）。こうした子育てへのコミットの高い母親たちに対して、子どもから物理的・心理的に距離をとるという一見すると子どもと向き合うことから逸れた行為だと捉えられがちな行為をする母親たちがいることも指摘され、子育てに積極的になることだけではなく、子どもと距離を置くことも母親のありようの一つであることも論じられている（宮本ほか 2017）。このように母親に対する社会的な期待や子育ての態度にはさまざまなありかたが存在していることが析出されている。

しかしながら、このような多様化しているようにみえるものは、はたして母親規範が本当に多様化していることを意味しているのだろうか。母親のもつ資源やおかれた状況と関連した差について本田は、たしかに高学歴の母親は公的な場でのマナーなどを重視し、子どもに多様な経験をさせ可能性を伸ばし、主体性や専門性を身につけさせたいと考えている一方で、低学歴の母親は対人関係の維持や思いやりをもつことを重視し、子どもには普通の大人として人並みに自活することを期待していることを指摘している。しかしながら、どの母親も子どもに対する細やかで熱心な気遣いや配慮を示しており、その差は明確なものというよりはグラデーション様であると論じている（本田 2008）。また母親規範からの逸脱とみなされる子どもを他人に預けるという行為に焦点を当てて議論した井上は、近代における母親規範が相対化され、自明視されていないことを指摘しており（井上 2013）、ほかの調査からも母親が子どもを他人に預けるという行為が受け入れられつつあることが指摘されている（工藤 2019）。しかし井上によれば、近代の母親規範が相対化されている一方で、子どもを預けるという自らの行為を正当化していく際に近代的母親規範を参照したり利用したりしていることから、近代的母親規範は依然として根強く存在し、人々の意識や行為を規定していることを指摘している（井上 2013）。本田や井上の指摘をふまえると、一見すればたしかに多様なありかたが存在しているようであるが、根底には依然として子どもに尽くす近代家族の母親規範が人々の行動を規定しているのではないかと考えられる。つまり、それぞれの家庭や母親の置かれた状況や環境、経験によって顕在化する違いはあるが、その背景にある当事者の論理には共通する規範があるのではないだろうか。

顕在化する違いの背景には、それぞれの母親の置かれた状況に起因する当事者の論理がある。山田は高学歴女性がより良い子育てを志向するのは、子どもの将来を自らの競争心を満たす対象とし、子どもの達成度を自らの成果と同一視し自己評価の対象としているからだと論じている。高学歴女性は受験という競争を勝ち抜き、また就職後も男性と対等に働いてきた経験をもつ人が多いため、人と競争して成果をあげることでアイデンティティが獲得されているが、専業主婦になると経済的には夫に依存しているため、自らの努力に対する評価を獲得しにくい。そこで子育てに専念し、その水準を高めることと自らのアイデンティティを結びつけている。一方で高学歴ではない女性は競争することとアイデンティティとの結びつきが弱かったり、仕事を継続している高学歴女性は子育て以外に自己実現の機会があったりするためより良い子育てに追い込まれることがないと論じている（山田 2000）。また吉本も、ミドルクラスの専業主婦はそれぞれの掲げる完璧を目指して子育てをしているが、自身のキャリアを中断していることに対する葛藤があるため、子どもにとって何が良いことなのかを模索しているというよりは、母親自身が外部から自己承認を獲得して納得するために完璧を目指していることを指摘している（吉本 2019）。一方で生活困難層を取り上げた山崎は、生活困難層の親は子どもの教育達成に対して高い期待をしているが、それは社会的な上昇を目指すためというよりも、特に学校への不適応などの問題を抱える子どもの困難な状況を少しでも緩和させるためであることが指摘されている（山﨑 1993）。また山﨑と同じ地域で20年後に実施された調査では、子どもも学力や学習に対する意識は低い一方で子どもが自活できることを目指すことが意識されており（盛満 2014）、進学についても子どもの自主性を尊重するという期待が広がっていることが指摘されている（前馬 2014）。

母親のライフスタイル、子育ての実践や行動にはさまざまな違いがあり、多様化していることが示されてきた。一方で、行動の結果としては違いがあるものの、その背後にある当事者の論理からは近代家族の母親規範がどれほど変容しているといえるのかという疑問が残されている。しかしながら、既存研究には研究対象が一部の階層や属性をもつ母親に偏っていたという限界があった。たしかに日本には高学歴女性の専業主婦化という欧米諸国にはみられない特徴があったり、女性の子育てとキャリアの両立が社会的な課題になったりしている。そのため学歴や就業に問題関心が寄せられ、学歴の高い母親や働く母親、あるいは専業主婦が分析対象とされてきた。一方で、そうした分析枠組みからはこぼれ落ちる人や集団もあり、既存研究は母親のライフスタイルの多様化と母親規範の変容を捉えきれているとはいえないことが指摘できる。さらにいえば、社会階層の高い母親や専業主婦ではない集団を分析対象とする近年の調査研究が不足している現状がある。学歴や就業という分析枠組みでは捉えきれない層に焦点を当てること、さらには２０１０年代以降の状況を捉えることが必要であると考えられる。

(2) メディア表象からみた母親の外見イメージの変化

母親規範、母親像の変化は母親の外見やファッションといった側面にもみられる。戦前の婦人誌『主婦之友』を分析した木村は、その表紙の美人画が表象する主婦像は時代とともに変化しているが、華やかさや優しさ、明るさ、なごやかさといった近代的性別役割として女性に求められるエートスが表現されており、主婦が家族の情緒的充足を保障する役割を担うことを図式化していると論じている（木村 2010）。1950年代〜70年代初めの『主婦の友』における皇室女性の描かれかたに注目した坂本によれば、皇室報道では母性愛の強調、夫婦仲の良さ、愛の強調による妻としての幸せなイメージの提示が多く、子育てを中心とした性別役割分業に基づく専業主婦としての女性の生きかたや幸せが強調された。その一方で良き母・主婦のお手本として提示された皇室女性のファッションは質素さからベスト・ドレッサーへと変化している。そのように皇室女性のファッションが強調されたことは、母・主婦がファッションやセンスの良い流行の服装を求めることへの罪悪感を払拭し、正当化する役割を担ったと論じている（坂本 2019）。こうした皇室女性の表象の変化だけではなく、雑誌に登場する女性そのもののイメージも変化していくことが指摘されている。戦後の『主婦の友』のビジュアル・イメージの変化を分析した落合によれば、1955年頃のファッションが主婦の間ではPTAファッションとして定着し長きにわたって踏襲されていたが、1980年代になると「イメージにおける主婦像の崩壊」（落合 2000：180）が生じる。

母親の外見や服装のイメージの変化の背景には、女性のライフスタイルの多様化があり、画一的なイメージでは主婦や母親が描けなくなってきたことを示唆している。これには雑誌がＴＰＯに合わせた服装を提案することをフォーマット化していることが大いに関連していると考えられる。富川によれば、ファッション誌のファッション記事は１９７０年代までは着こなしかたの指南であったが、それ以降は着まわしかたの提案へと変化しており、その背景には男女雇用機会均等法の制定に端を発した働く女性の増加とそのターゲット化がある（富川 2017）。つまり、働く女性、それも男性と同等な立場で働く女性が増加したことによって、家着や外出着のほかに職場に着ていく服が必要になったため、ファッション誌はその提案を特集化するようになったのである。ＴＰＯとはTime, Place, Occasionの頭文字で、時と場所、状況に応じた服装を着用することを奨励する言葉である（石津 1965）。これは１９７０年代頃から普及した考えかたで、雑誌はＴＰＯに応じた服装を提案するようになっていったといえる。こうした指摘から、衣服を着ていく場がどれだけあるかということが鍵になっているると考えられ、服を着ていく場が増えるとそれだけファッションの選択肢も増えることが示唆される。言い換えれば、専業主婦であれば、服装に気を遣って外出する先は子どもの授業参観や冠婚葬祭などが中心になる。一方で仕事や趣味、さまざまな活動のために脱主婦化が進むと、それぞれの場所に応じたファッションが提案されるようになる。こうした意味で、近代家族や女性のライフスタイルの変化と連動するかたちで、主婦や母親のビジュアル・イメージもまた多様化していったと推察される。

ただし、１９８０年代末の『主婦の友』のファッション記事のテキストを分析した井上＋女性雑誌研究会は、主婦のおしゃれはあくまでも主婦役割の範囲内でのおしゃれであることが示唆され、人並み志向が強い一方で、目立ち志向は少ないことを指摘した上で、こうした雑誌の表象の背景には家の中にいるべき妻が外で目立つことを歓迎しない社会の意識があると述べている（井上＋女性雑誌研究会 1989）。

さらに１９９０年代以降、母親を読者に想定するファッション雑誌が登場するようになる。日本では長らく主婦を対象とした雑誌は家事や育児に役立つ実用的なものが代表的であり、主婦や母親を対象としたファッション誌の創刊が模索されていたもののうまくいかなかった。そうしたファッション誌の挫折の原因は主婦や母親にファッションにかける時間的・経済的余裕がないことにあると考えられていた（出版指標年報 1996）。しかし、１９９５年に光文社から創刊された雑誌『VERY』の成功によって30代女性向けファッション誌というジャンルが確立された（橋本 2012）。さらに２０００年代に入ると母親をテーマにしたファッション誌も登場し、独身時代のファッション傾向が母親向けの雑誌でも継続される傾向が見出されるようになる（橋本 2014）。また女性雑誌はファッションの系統によって細分化されている（栗田 2008；佐々木 2012）が、その傾向は母親向けのファッション誌にも指摘される（髙橋 2019；2020）。こうした雑誌の展開は、それだけ主婦や母親のファッションに対する関心が高まっており、ファッションの選択肢が多様化していることを意味している。つまりメディア表象の側面からみると、母親のビジュアル・イメージは徐々に変化し、さらに今日ではさまざまな系統のファッションが選択されていることから、母親の外見やファッションは多様化しているのだと考えられる。しかしながら、80年代から90年代、00年代の雑誌については分析対象として研究されてきたが、２０１０年代以降については取り組まれていないことが指摘できる。

(3) 服飾学の指摘

こうしたメディア表象に着目した議論に対して、服飾学や被服心理学の分野では異なる知見が指摘されている。そもそも服飾文化のなかで主婦や母親への注目度はかなり低く、服飾史にも基本的には若者の動向が記述され、主婦や母親の服装はあまり記述されてこなかった。主婦や母親への注目が低かった背景には、マス・ファッションの既製服や大型スーパーで大売出しされる服を中心に生活していたこと（日置 2006）、１９６０年代を通じてファッションは若者のものだということが決定づけられたこと（渡辺 2005）、30代前後に訪れる腹部から臀部にかけての体型変化が服装に制限を与えていたこと（柳 1989）、が挙げられる。服装に対する意識の面でも、主婦は衣服の自己顕示や装飾といった側面を評価している一方で服装の規範を重視している（中川 1981）。１９８０年代のファッション行動を調査した事例によれば、ファッション行動によって類型化されるグループのうち母親が多く含まれるグループは被服への投資額がもっとも低く、家にいるときは着装の幅に制限がある一方で、外出時には個性が志向され、年相応の服装が心掛けられていることが指摘されている（橋本ほか 1986）。「おしゃれ」の意味の多元性を指摘した議論によれば、「おしゃれ」という概念は流行やファッション性といった他者から見える外面的な側面と当事者の心理的な満足感という内面的な側面とをあわせもつ多元的なものであるが、母世代は後者の方をより重視していた（橋本ほか 2006）。橋本らは、こうした母世代の傾向について、母親の役割という枠組みのなかでは女性としての慎みやしおらしさを体現するような行為をすることが有用であるため母世代は流行やファッション性といった外面に対する志向が低いのではないかということを指摘している。

こうした母親のファッション行動に関する知見に対して、世代の移り変わりによる変化もたしかに指摘されている。DCブームなど華やかなファッション経験をもつ世代が子育て世代に突入したことを背景に、1995年頃からヤングミセスがマーケティングの主役になり、年齢と紐づいた規範意識は薄れつつあることや（秋田 1996a）、衣服を着用する生活場面が多様化しており、それぞれが場面を意識した服装をしながらも個々人の価値観の中で自分らしい着かたが模索されていること（秋田 1996b）が指摘されるようになった。2000年代後半以降にはストリート・ファッションにおいて、母親であることを意識していないと見受けられるファッションをする母親たちが観察されるようになり、その代表例がギャルママであった（『アクロス』編集室 2021）。

このように徐々に母親のファッション行動は変化しつつあり、とりわけ2000年代後半以降のストリート・ファッションではたしかに母親らしくない服装をした母親が登場していることが指摘されている。しかしながら、母親のファッションに関する意識や実践に関する調査研究は90年代から00年代頃に対するものに留まっていることが指摘でき、母親役割という規範のもとで母親の外見やファッションがどのような意味をもつものとして位置づけられているのか、実態的な側面からはあまり論じられてこなかったことが指摘できる。

3　これまでの母親規範研究の限界と課題

日本社会の変化とともに母親規範も変化し、多様化していると議論されてきた。しかしその多様化を指摘するこれまでの議論において、いくつかの課題がある。たしかに母親のライフスタイルは多様なありかたが析出されているが、そうした結果としての多様性に対して、行動の背景にある論理が根ざしている母親の規範自体は実はそれほど変化していないのではないかということが考えられる。しかしながら、既存研究には分析対象が偏りがちであったことから、規範自体が変容しているために生じた多様化であるのか、あるいは当事者の論理からすれば従来的な規範に則っているが母親や家庭のおかれた状況や環境によって生じた違いが多様性として顕在化しているのか、という議論が不十分である。

また、これまで母親の規範に関して多くの研究成果が挙げられてきたが、一方で母親の服装や外見に関する議論はそもそもあまり論じられてこなかったことが指摘できる。さらにいえば、母親は自分自身の服装に気遣う余裕がなく、また母親らしさが意識されているという家政学や服飾史の研究と母親のファッションは奨励され、画一的なイメージから多様化しているというメディアの表象研究とでは議論が整合していないという問題も残されている。消費社会が拡大し、母親たちもファッション・マーケットのターゲットにとりこまれている今日において、母親の外見やファッションの問題をもはや無視することはできないだろう。実態と表象とを接続しながら、母親の外見や服装についてどのような規範が共有されているのか明らかにする必要があるのではないだろうか。

こうした課題に対して、母親役割という家族やジェンダーの問題とギャル文化という消費やファッションの問題がまさに交差するギャルママという存在に着目することで、これまで母親規範研究において議論の外におかれがちであった外見やファッションの問題を射程に入れることができるようになると考えられる。さらには、学歴や就業状況という枠組みでは捉えきることができていなかった層としてギャルママを位置づけることもできる。そのため、先述したように母親規範に関する研究の分析対象の偏りという観点からも、ギャルママを研究することで、その多様性の議論の幅を広げることが可能になる。

本書がギャルママに焦点を当てる理由は、序章で触れたように異質な母親像であるギャルママがなぜ異質なのかという問いに答えることから現代の日本社会に共有されている母親規範が再考される可能性があるからである。さらには、ここまで整理してきた既存研究に残された課題、すなわち、子育て研究における対象の偏りという限界や母親規範研究において外見やファッションが議論の外におかれていたという課題、また母親の外見やファッションにおけるメディア研究と服飾研究との見解の齟齬という問題がギャルママという対象を設定することによって検討できるようになることにもある。そこで本書はギャルママを研究対象に設定することで、既存研究の課題を乗り越えつつ今日の日本社会にある母親規範について考察していく。

4　研究のデザインと使用するデータ

本書の目的は、「ギャルママ」と呼ばれる母親の葛藤、ファッション、子育ての実態とその背景にある当事者の論理を記述し分析することを通じて、今日の母親の役割葛藤について考察し、日本社会における母親をとりまく規範を明らかにすることである。すでに論じてきたように、母親の役割葛藤は大きくなるばかりである。特に現代は自分らしさやファッションの問題も大きくなっているといえる。現代の母親たちはどのような母親規範に葛藤し、どのように母親らしさと自分らしさを両立しているのだろうか。こうした問いに対して、本書はギャルママに焦点を当てて考える。ギャルママの外見やファッションが問題になっていることはもとより、サブカルチャー集団として立ち現れた彼女たちをサブカルチャーたらしめるメカニズムを探ることから、現代の日本社会にある母親規範を逆照射できると考えられるからだ。ギャルママはほかの母親と比べて本当に違いがあるのか、どのような点で違いがあるのかを雑誌を資料に用いて比較検討することからギャルママを相対化し、一方でインタビュー調査によってギャルママがギャルママを実践することの背景にある当事者の論理を探っていく。

(1) 研究のデザイン

本書の研究デザインは質的研究である。社会を対象とする調査研究には統計データを用いた量的研究と統計データではないものを用いた質的研究とがある。盛山によれば、量的調査は統計的な諸指標の測定が基礎にあり、分布のしかたを検証する。そのため、個体の特性ではなく、集合としての特性を明らかにできることが基本的な特性である。一方で質的研究の基本特性は、データが日常的な社会現象を可能な限り加工を加えずに記述したものであるという日常性と個人の主観的世界を直接的に表現したものであるという解釈自己提示性である。そのため量的調査に比べて質的調査は意味世界としての社会的世界への近接度が高い（盛山 2004）。量的調査と質的調査は対立するものではなく、相補的な関係にあるが、質的データは人々の語りや発話の意味を明らかにする上で重要である（佐藤 2008）。集団全体の特性を統計から明らかにすることも当然ながら研究課題となりうるが、本書の目的は当事者の論理を記述し分析することを通じて、今日の母親の役割葛藤について考察し、日本社会における母親をとりまく規範を探ることである。また本書が対象とするギャルママには残念ながら利用可能な統計的データが存在していない。こうした事情による制限も一方ではあるが、本書の問いと照らし合わせると、質的研究に取り組むことが適切であると考えられる。そこで本書はメディアのテキストや画像、あるいはインタビューの逐語録という質的データを用いた分析に取り組む。

サブカルチャーに関する既存研究が示唆するように、本書は、非通念性を相対化すること、一方で当事者の論理を明らかにすることを相互に関連づけながらギャルママという現象を理解する必要があると考える。したがって本書のリサーチ・クエスチョンは①ファッション志向の高い母親の中でギャルママの何が違うのか、②ギャルママの違いはどこからくるのか、という二点が挙げられる。

一つ目の問いに対しては、メディア研究を用いて検討する。次章で詳述するが、母親を読者に想定するファッション誌はギャルママ向け以外にも複数刊行されている。言い換えれば、ファッション志向の高い母親はギャルママだけというわけではない。そうであるならば、ファッション志向の高い母親という枠組みにおいてギャルママはどのような特徴をもっているのかを明らかにしておく必要がある。そのため、母親向けのファッション誌を比較検討することから、ギャルママのポジショニングを検討する。二つ目の問いに対しては、ギャルママに対するインタビュー調査を実施し、当事者の語りからアプローチしていく。なお、後述するように、雑誌資料は２００９年～２０１４年に発行された資料を用いており、一方でインタビュー・データは２０１９年に実施した調査で収集したものを用いている。このように時点にずれが生じているが、２０１９年のインタビュー調査の調査協力者は、一部を除き、本書が資料として用いた雑誌が発行されていた期間にまさにギャルママとしてそれらの雑誌を読んだり、雑誌が主催する撮影会などに参加したり、ギャルママサークルやギャルママと企業のコラボ事業に参加したりしていた人々である。インタビューでは調査協力者の幼少期から結婚・出産を経て今日に至るまでのことについて横断的、かつ回顧的に聞いている。そのため、雑誌資料が発行された時期のことも含めた聞き取りをおこなっている。

a．メディア研究

メディアは現実をそのまま反映するわけではなく構築された現実を提示しているが、メディアの表現には価値観が暗示されている（Masterman 1985=2001）。とりわけ雑誌というメディアはほかのマスメディアに比べてセグメンテーションが徹底されているという特徴があり、読者自ら選択して購読するものであるため選択的接触性も高い。そのため想定される読者層の中で支配的である規範が顕在化し（井上 2001）、それは読者の自己アイデンティティにも影響を及ぼしている（林 2002）。つまり雑誌に描かれていることは、現実の姿ではないが、読者に対する理想的な生きかたや規範とすべき価値観が提示されており、それは読者に影響を与えうるものである。そのため雑誌を用いて社会の規範（像）を読み解こうとする研究はこれまでにも多くなされてきた。

雑誌を資料に用いた分析方法としては、内容分析が挙げられる。内容分析はマス・コミュニケーション研究が発達した当初から重要な分析手法であったが、コミュニケーション・モデルが強力効果モデルから限定効果モデルへと移り変わっても、マス・コミュニケーションのメッセージが受け手に対して影響を与えるものであるという前提が覆されるわけではないため、依然として重要である（Riffe et al. 2014=2018）。リフらによれば、マス・コミュニケーションのメッセージへのアプローチ方法は、人文学的アプローチに対して経験的な観察と測定に基づく社会科学的なアプローチがある。言い換えれば、体系的で再現性のあるやりかたでコミュニケーションのシンボルを調査することが社会科学的な量的内容分析である（Riffe et al. 2014=2018）。先駆的に内容分析の数量化の手法をまとめたベレルソンは、内容分析はカテゴリーを定め、それに沿って内容を分類し、数えていくことによって、コミュニケーションの内容を客観的、体系的、数量的に記述するための調査方法であるとしている

（Berelson 1952=1957）。ベレルソンによれば、内容分析はさまざまな種類のメディアに適用されており、内容それ自体や内容の作り手の意図を読解したり、受け手に対する影響を検討したり、そこに投影されている人々の態度や関心、価値観、習俗を読み解くなど、調査の目的も多様であるが、その内容が何をいうかという主題の分析はもっとも一般的な視点である。

量的内容分析にはさまざまな具体的手法があるが、たとえば、１９８０年代から90年代にかけておこなわれた雑誌記事の内容構成に関する横断的な調査がある。これはジェンダーによってメディアの情報に偏向があることを議論するために用いられた方法であり、カテゴリによって分類された記事内容のページ数などを比率として数量的に示すことで、情報の偏りやそれによる特徴を示すものである。これらの調査によって、１９８０年代および１９９０年代の主婦向けの雑誌は家事に関する情報に偏った誌面構成であることが示されてきた（井上＋女性雑誌研究会 1989；諸橋 1998）。さらに近年ではテキストマイニングの手法も台頭してきている。テキスト・データの言葉を機械的に数え上げるこの手法によってデータの全体像を正確に把握することが可能となる（樋口 2017）。これはさまざまなデータの分析に適用され、新聞記事や雑誌の見出し語といったメディア言説もデータとして用いられ分析されている。

さらに雑誌は、画像によって表現される衣服だけではなく、テキストに記述される衣服が同時に掲載されていることが特徴である（Barthes 1967=1972）。言い換えれば、外見のイメージやファッションについて、画像とテキストの両側面からアプローチすることができるのが雑誌の特徴であり、両者をコード化し測定するという内容分析をおこなうことが可能である。服装のイメージとそれに寄与する服装のデザイン要素との関連を明らかにした渡辺らは、衣服の色味やデザインと服装のイメージとの関連を明らかにしている（渡辺ほか 1991）。また服装のシルエットも服装に対する印象に関連することも検討されている（河本 2017）。このほかにもジェンダー論の視点に立って身体技法を中心に分析した事例もある（Goffman 1979；上野 1982；落合 1990；木村 2008）。これらの既存研究の手法と知見をふまえて、服装の色味やデザインなどの特徴を数量化して検討することができると考えられる。

以上のことから、雑誌を資料に用いて比較をすることで、雑誌を通じてつくられる規範がどれほど多様化しているのかを明らかにすることができ、またファッションについても画像とテキストとの両側面からアプローチして差異を検証することが可能になるといえる。このとき、たしかに言説を読解することも重要であるが、それだけではなく客観的な情報として数量的なデータを提示しながら議論することも求められる。本書は可能な限り数量的なデータを提示しながら雑誌の表象を比較し、ファッション志向の高い母親という枠組みのなかでギャルママはどのような位置づけにあるのかを検討する。

b. インタビュー調査

メディア表象の分析を通じて、ギャルママのポジションを明らかにする一方で、当事者の論理や意識を探るためには、当事者に対する聞き取りをおこなうことが不可欠である。そのため本書ではインタビュー調査による質的研究もおこなった。インタビュー調査には個人でおこなうものやグループでおこなうものなどがある。またインタビューの実施方法にも対象者に自由に語ってもらう非構造化インタビューや逆にあらかじめ決められたインタビューガイドに沿ってデータを収集する構造化インタビューがある。これらの手法に対して、半構造化インタビューが近年の主流となっている。半構造化インタビューは、大まかなインタビューガイドを作成しておき、回答に応じて質問を重ねるなどして内容を深めていく方法である。構造化インタビューよりは自由度があり、非構造化インタビューよりは体系的な聞き取りを実施することができるハイブリッドな手法である。本書で実施する調査は、個人に対する対面の面談で、半構造化インタビューとした。

質的研究にはさまざまな分析方法がある。質的研究の分析方法を整理したサトウらは、その方法が何を扱うことに適しているのか、何を重視するかということを検討し、「構造‐過程」「実存性‐理念性」という二軸によって分類している（サトウほか 2019）。本書はギャルママの行動の背景にある当事者の論理を明らかにすることを目的としている。そのため「構造」を検討することができ、また「実存性」を重視する手法であるオープンコーディングを採用した。オープンコーディングとは、具体的な逐語録のようなテキストを抽象的な概念に置き換えていく基礎的なコーディングの分析法である（サトウほか 2019）。概念化していく方法には演繹的方法と帰納的方法があるが、本書は大まかな分析の視点はあらかじめ設定しておくものの、具体的な分析では帰納的なコーディングをおこなった。

(2) 使用するデータ

a．雑誌データ

メディア研究に用いるのは、育児期の母親を読者とするファッション誌である。こうした資料を用いて、ファッション志向の高い母親という枠組みのなかでのギャルママの特徴、とりわけ服装と家事・育児に関してどのような違いがあるのかを明らかにする。

10代の女性に対するアンケート調査をおこなった栗田は、出版市場における「○○系」という雑誌の分類と読者のファッション行動には整合性があるためファッション系統は再現されることを明らかにした（栗田 2008）。若者文化の中で雑誌は中心的な役割を担っているが（難波 2007）、近年の雑誌出版の特徴の一つに、新たな年齢層の読者を取り込むことを目的とした既存誌の姉妹誌展開が挙げられる（橋本 2012）。そして系統としてクラスタ化された若者向けの雑誌にも育児期の母親を読者とする姉妹誌が展開されている。つまり、子育て期の母親たちの雑誌もファッション系統によって差異化されているのである。そのことを示したのが表1－1である。表1－1のように、母親向けのファッション誌がさまざまなファッション系統にわたって出版されているということは、それだけ母親の選択肢が増えており、ファッションやライフスタイルは多様化していることが示唆される。言い換えれば、ファッションやライフスタイルの多様化が想定されるため、本書はギャル系雑誌とそれ以外の雑誌という比較軸ではなく、ファッション系統の異なる複数の雑誌を相互に比較することによって、それぞれの立ち位置をポジショニングすることに重点を置いている。本当にファッションやライフスタイルが多様化しているのであれば、ファッション系統によって特徴に違いが見られるはずであり、もしもそうでないのであれば、多様化しているという仮説を再検討する必要があるだろう。

比較検討する対象雑誌の選定にあたっては、異なるファッション系統を取り上げるファッション誌で、かつ雑誌や読者に関する情報が出版社の公開資料もしくは誌面を通じて得られる雑誌に限定した。その結果、光文社の『VERY』、集英社の『LEE』、祥伝社の『nina's』、インフォレストの『I LOVE

表１-１　ファッション系統のクラスタと雑誌の一覧

栗田（2008）による雑誌の系統						子どものいる20〜30代既婚女性をターゲットとする姉妹誌				
ストリート系	カジュアル系	お姉系	ギャル系	ティーン系		ストリート系	カジュアル系	お姉系	ギャル系	ティーン系
PS	non-no	ViVi	egg	Hana☆chu		-	LEE	Grazia	-	-
SEDA	mina	JJ	Ranzuki	SEVENTEEN		-	-	VERY	-	-
Soup.		CanCam	Popteen	ピチレモン	→	-		Domani	-	-
mini		Ray	Cawaii	ラブベリー		-		-	-	-
JILLE		PINKY	S Cawaii	ニコ☆プチ		-		-	-	-
Zipper			小悪魔 ageha	nicola		nina's			I LOVE mama	-
CUTiE						InRed				

注：ファッション系統については栗田（2008）を参考に付記した。ただし栗田の調査は10代の女性を対象としているため、対象者から見た位置付けとして「お姉系」というネーミングが付けられているが、これに該当する雑誌はいわゆる赤文字系雑誌で、女性らしいコンサバティブなファッションを取り上げるものである（吉川 2016）。

出所：栗田（2008）、各出版社ホームページ、日本雑誌協会『マガジンデータ』、メディア・リサーチ・センター『雑誌新聞総かたろぐ』、および全国出版協会・出版科学研究所『出版指標年報』を参考に筆者作成。

mama』を資料として選定した。ただし対象から除外した雑誌についてもプレリサーチの段階で内容を確認し、同じカテゴリから選定された分析誌と傾向が大きく異ならないことを確認している。分析期間は、分析対象の4誌の出版期間が重なる2009年5月号から2014年5月号に設定する。なお付録や広告、および期間内に発行された特別号や増刊号は分析の対象外とした。表1-2にはそれぞれの書誌情報をまとめている。

資料として用いた光文社の『VERY』は、1995年に創刊された30代の既婚女性向けファッション雑誌である。女子学生や20代のOL向けの雑誌『JJ』の元読者を対象に創刊され、ファッション系統としては『JJ』と同様にコンサバティブなファッションである。『VERY』について分析した石崎によれば、『VERY』は、若者向けの雑誌には生活やライフスタイルのギャップを感じる一方で、主婦向けの生活情報中心の雑誌に馴染めなかった専業主婦たちをとりこむことに成功した（石崎 2004）。雑誌史の視点からみると、この雑誌の成功によって既婚女性をターゲットにしたファッション雑誌市場が開拓されていったといえる。

カジュアル系のファッションを取り扱う雑誌として選んだ集英社の『LEE』は、10代女子向けの『non-no』と20代から30代のOLをターゲットとしていた『MORE』の姉妹誌に位置づけられる雑誌で、1983年に創刊された雑誌である。20代後半から30代の既婚女性を想定読者としている。雑誌メディアの変遷を整理した吉良によれば、『LEE』は生活情報誌であるが、ほかの生活情報誌とは一線を画すおしゃれさがあり、世帯じみた感じがない（吉良 2006）。

表１－２　各雑誌の基本情報（2009年～2014年の状況）

		VERY	LEE	nina's	I LOVE mama
創刊年		1995年７月号～継続	1983年７月号～継続	2008年３月号～2019年１月号	2009年５月号～2014年５月号
発行元		光文社	集英社	祥伝社	インフォレスト 注1
販売単価		650円→700円→720円	560円→600円→630円→650円	580円→600円→620円	580円
刊行頻度		月刊	月刊	隔月刊	月刊
キャッチコピー		基盤のある女性は、強く、優しく、美しい	なし	母になっても Cute & Cool →私らしく、親子ライフ	オンナもママも全力で楽しみたい
編集長		今尾朝子	田中恵→水谷裕美→海老原美登里	川口里美→原田直美	折原圭作→山下綾子→越後雅史
想定読者		30代主婦	20代後半から30代のヤングミセス	20～30代の若いママ	10代後半～20代の「ギャルママ」
姉妹誌		JJ、CLASSY.、STORY、HERS	non-no、more	Zipper	小悪魔 ageha、Happie nuts、姉 ageha
系統		お姉系（コンサバ系）	カジュアル系	ストリート系	ギャル系
発行部数	2009年	146,786（ABC/2008.1-6）	223,343（ABC/2008.1-6）	100,000（公称）	200,000（公称）
	2010年	155,686（ABC/2009.1-6）	225,003（ABC/2009.1-6）	100,000（公称）	200,000（公称）
	2011年	158,371（ABC/2010.1-6）	223,625（ABC/2010.1-6）	100,000（公称）	200,000（公称）
	2012年	187,806（ABC/2011.1-6）	206,004（ABC/2011.1-6）	100,000（公称）	200,000（公称）
	2013年	220,088（ABC/2012.1-6）	175,987（ABC/2012.1-6）	100,000（公称）	200,000（公称）
	2014年	217,953（ABC/2013.1-6）	167,121（ABC/2013.1-6）	100,000（公称）	200,000（公称）
読者属性	年齢	35～39歳（Mode）	35.9歳（Average）	31歳（Average）	24.5歳（Average）
	世帯年収	743万円（Average）	600～800万円（Mode）	650～700万円（Mode）	368万円（Average）注2
	婚姻状況	既婚 90.2％	既婚 70.8％	（記述なし）	（記述なし）
	就業状況	専業主婦 65.2％	仕事をしている 67.0％	専業主婦 60％	（記述なし）
	子どもの有無	子どもと同居している 78.3％	子どもがいる 65％	子どもが２人以上いる 59％	平均子ども数 1.7人

注１：インフォレストは2011年にインフォレストパブリッシングに社名変更している。
注２：『I LOVE mama』の世帯年収は、平均月収285,000円を12倍した。
出所：メディア・リサーチ・センター『雑誌新聞総かたろぐ』、各出版社の公開する媒体資料、および『LEE』2010年９月号掲載の読者アンケートの結果、『I LOVE mama』2012年７月号掲載の読者アンケートの結果を参考に筆者作成。

祥伝社の『nina's』は、ストリート系ファッション雑誌『Zipper』の元読者の主婦を対象に、「新しい時代の子育てライフスタイル誌」として2008年に創刊された雑誌である。残念ながら2019年1月号をもって休刊している。

最後に、ギャル系ファッションの雑誌としてインフォレストから刊行されていた『I LOVE mama』である。同出版社から発行されていたキャバクラ嬢を中心的な読者層としていた『小悪魔ageha』とギャルが読者層であった『Happie nuts』の二つの雑誌の共同増刊号として2008年に発行された『mama nuts×ageha』を前身に2009年に月刊化された雑誌である。出版社の事業停止によって2014年に休刊するが、2022年に出版社を変えて復刊した。子どもをもつギャルを対象にした初めての雑誌である。2000年代に創刊された女性雑誌について分析した橋本によれば、2000年代に創刊された『nina's』や『I LOVE mama』などの雑誌はファッション誌かつ母親をテーマにしている点が特徴的である（橋本 2014）。

b. インタビュー調査

インタビュー・データとして用いるのは、2019年8～10月に東京と大阪・奈良で「ギャルママのライフスタイルに関する調査」として実施したインタビューの逐語録である。本調査はギャルママのライフスタイルに関する横断的なインタビューであり、大きく分けて四つのパートにわけることができる。**表1‐3**は調査の枠組みと調査項目の一覧である。

表１−３　調査項目の一覧

調査枠組み		具体的な項目	使用した主な章
1　ファッション	・ファッション歴	ファッションに興味をもった時期、きっかけ	第３章
		若い頃からのファッションの変遷	第３章
		結婚や出産を契機に変わったこと／変わらないこと	第３章
	・ファッション意識	こだわりのある部分、その理由	第３章
		ファッションに気合いをいれる場所、その理由	第３章
2　子育て・家族	・夫婦関係	交際・結婚の時期、きっかけ	
		夫の仕事、家事・育児の状況	
	・自分と両親／義両親との親子関係	結婚・妊娠を報告したときの反応	
		日頃の援助、コミュニケーションの頻度と内容	
	・自分と子との親子関係	子どもの将来への期待、学業達成への期待	第５章
		子育てにおいて大切にしていること	第５章
		自分自身が学生時代に考えていた将来の展望	第５章
		妊娠・出産の状況	
		子育てする上での嬉しかったこと／辛かったこと	
		母親になって変わったこと／変わらないこと	
3　周囲との人間関係	・子ども	子どもから言われること	
		子どもに対して思うこと	
	・夫	夫から言われること	
		夫に対して思うこと	
	・両親・義両親	両親・義両親から言われること	第６章
		両親・義両親に対して思うこと	第６章
	・幼稚園・保育園・学校の保護者	幼稚園・保育園・学校の保護者から言われること	第６章
		幼稚園・保育園・学校の保護者に対して思うこと	第６章
	・ママ友	仲の良いママ友との出会いのきっかけ	
		ママ友との交流の頻度と内容	
		ママ友関係での悩みや困りごと	
		気の合うママ友から言われること	
		ママ友に対して思うこと	
	・そのほかの人	そのほかの人から言われること	第６章
		そのほかの人に対して思うこと	第６章
4　ギャルママのイメージ	・ギャルママ像	世間一般の「ギャルママ」像、それに対する意見	第６章
		自分の考える「ギャルママ」像	第６章

出所：筆者作成。

調査協力者は11名のギャルママで、スノーボール・サンプリングによって選定した。スノーボール・サンプリングは、ギャルママとの共同事業の代表者に紹介してもらったギャルママを起点に、その友人を紹介してもらうことで数を増やした。一回の面接の所要時間は90分～120分間で、調査の日時や実施場所は協力者の生活への支障が少なくなるよう配慮した。調査に先立って、調査の目的、調査への協力は自由意志に基づくものであること、協力を断っても不利益を被らないこと、協力する場合にも協力の中止や回答の拒否等をしても不利益は生じないこと、個人のプライバシーへ十分に配慮すること、調査内容は学術目的でのみ利用することについて書面と口頭で説明した。合わせてインタビューの録音の許可とインタビューの文字起こしを論文や口頭報告などで引用することの承諾を得た。許可を得て録音したインタビュー・データから逐語録を作成し、これを一次データとした。表1－4は調査協力者の概要一覧である。

調査時点での調査協力者の年齢は33～39歳で、1980～1987年生まれの人々である。そのため調査協力者は1990年代以降に10代を過ごし、ギャル文化をリアルタイムに受容することができた世代であることが指摘できる。加えて、Eを除く調査協力者は、第一子を2007年から2012年までに出産しており、ギャルママへの社会的関心が高かった2010年代にギャルママ文化を担っていた世代であることが指摘できる。表1－4にも示したとおり、ギャルママ雑誌を購読していたのが8事例、またギャルママサークルやギャルママと企業の共同事業に参加していたのが8事例であり、多くの調査協力者がギャルママとしての活動をおこなっていたといえる。

調査協力者は第一子を平均で25・1歳、21～32歳までの間に出産しており、子どもの数は1～3人である。偶然にも全員に男児がいるが、これは調査の手続き上で調整したものではない。「人口動態

表１-４　調査協力者の概要

	年齢	本人の職業	第一子の出産年齢			子ども数	学歴		ギャルママ雑誌の購読	サークル等の参加	ギャル化のタイミング
			本人	夫	妊娠先行		本人	夫			
A	34	インフルエンサー	26	32	○	2	専門学校 中退	高等学校 卒業	○	○	ママになってから
B	36	メイクアップアーティスト	23	29		3	専門学校 卒業	高等学校 卒業		○	小学生
C	35	エステティシャン	24	-	○	1	高等学校 中退	-	○	○	10代
D	39	飲食店店員	27	31		2	短期大学 卒業	大学 卒業	○	○	ママになってから
E	35	専業主婦	32	32		1	高等学校 中退	大学 中退			小学生
F	33	結婚相談所職員	25	23	○	2	高等学校 中退	大学 中退	○	○	10代
G	38	イベントプランナー	27	31		2	高等学校 卒業	高等学校 卒業	○	○	中学生
H	34	専業主婦	23	26	○	3	専門学校 中退	大学 卒業	○	○	高校卒業後
I	34	専業主婦	23	22	○	2	高等学校 卒業	高等学校 卒業	○	○	中学生
J	32	専業主婦	25	32	○	3	専門学校 卒業	高等学校 卒業	○		小学生
K	32	ゲームセンター店員	21	21	○	3	高等学校 中退	高等学校 中退			-

注：調査時点の情報である。
出所：筆者作成。

調査」によれば、2016年の第一子の平均出産年齢は30・7歳であることから（厚生労働省「人口動態調査」）、日本の全体からすると調査票力者たちは年齢的に早いタイミングで出産していることになる。しかしながらギャルママ雑誌の読者アンケートによる2012年の読者の平均年齢は24・5歳であることから（表1－2を参照）、単純に調査時点である2019年までの差分を加えると31・5歳となるため、少なくともギャルママ雑誌の読者群に比較すると、調査対象者たちは年齢がやや高めであるといえる。

第一子出生時には全員が婚姻状態にあり、11名のうち7名は妊娠先行型の結婚である。結婚前に妊娠が発覚したことについては、特に戸惑いやトラブルもなく、本人やパートナー、親族にも喜んで受け入れられていたようであった。

のちに別離を経験した1名を除く10名の夫の第一子出生時の平均年齢は27・9歳で、それぞれの夫は会社員もしくは自営業者である。本人の学歴は中卒・高卒が中心であり、夫との学歴における組み合わせは同類婚もしくは上昇婚である。経済的な状況は世帯年収400万円未満が2事例、400〜600万円の世帯が5事例、600万円以上が4事例である。

家事や育児の分担については調査協力者が一手に引き受けている。家族形態はすべて核家族で、親族からの日常的なサポートは得ていない。調査協力者は、就業状況にかかわらず、「夫は仕事、妻は家事」という性別役割分業意識が強く、自身が家事や育児を担当することを当然のことだと考えている。夫の育児参加がないわけではないが積極的だとはいえない様子で、夫のことについて「これだけはやってほしいっていったらやってくれるけど基本的には何もしない」「箸の一本も洗うのが嫌な人」というような語りもあった。調査協力者は家事や育児を一人で担当しており、自身の働きかたについても家事や育児に支障が出ないことを念頭において調整していた。

調査協力者の出身家庭の社会階層は、共働き家庭で育ったという事例もあれば、実家が地元の名士であったと語る事例もあるなど、階層的な偏りがあるわけではなかった。

自身の服装がどのように変化してきたかということから、調査協力者がファッションに興味をもちギャル化したタイミングには、小・中学生といった学生の頃からと母親になってからの、少なくとも二つに分けられることがわかった。前者（B、C、E～K）は安室奈美恵や浜崎あゆみなどの芸能人や母親、家族などの身近な人間関係に影響され、ファッションに興味をもったり、ギャルに憧れたりしてギャル化している。一方後者（A・D）は、若い頃から美容や服装に関心が高かったがギャル系の服装を好んでいたというわけではなく、母親になってからギャルママという存在に憧れ、自身もその集団に参画していくなかでギャル化するというプロセスを経ている。

Chapter 02

ギャルママのファッションは「違う」のか

——多様化する母親のファッション

はじめに

本章と次章ではファッションのイメージやファッション行動に焦点を当てる。特に本章では母親の服装や外見のイメージに着目し、メディア表象の分析をおこないながら、ギャルママの相対的な特徴を明らかにする。第1章でも述べたように、雑誌の特徴は画像によって表現される衣服とテキストに記述される衣服が同時に掲載されていることである（Barthes 1967=1972）。バルトは雑誌の言葉を「書かれた衣服」という記号的現象として体系化したが、こうした方法論は映像にも適用することができることが指摘されている（小野原 2011）。そこで第1節ではファッション記事のテキストの分析をおこない、第2節では画像の分析をおこなう。

○分析方法

分析をするにあたって、母親を読者に想定するファッション誌に描かれる入園式や入学式、卒園式

（以下、入卒園式）という場面における服装に着目する。なぜなら、子どもの入卒園式は母親としての自己が優先されるべき場であり、かつ服装の規範意識も高まる場面であると捉えられるからである。服装に対して規範意識が高まる場面にはフォーマルな場面があることがかねてから指摘されており（福岡ほか 1998）、フォーマルなものほど着用方法について暗黙裡の社会的規範があるということも指摘されている（山縣・石原 2018）。衣服の造形と場におけるふさわしさに関する議論のなかで、衣服のフォーマル性の要因が明らかにされてきた。フォーマル性の要因には被覆度と色があり、デザインはテーラード・スーツ、色は黒もしくは白、そして身体被覆度の高いものがフォーマル度の高い衣服だと評価され（山縣・石原 2016）、ボトムスはデザインにかかわらず、丈が短いとフォーマル度が低いと評価される（山縣ほか 2013）。一方で母親同士の人間関係が実践される場では子どもを伴うことが多いため母親としての自己が優先される（實川・砂上 2013）。これらの議論をふまえて、本章では子どもの入卒園式における母親のファッションに着目する。そのため分析対象誌の入卒園式のためのファッションを特集した記事を分析する対象に選定した。分析した記事は一覧にして表2-1に示した。

テキストは、タイトルやキャッチコピー、記事の概要を説明する文章、コーディネートの説明や紹介をする文章など、その塊を一つとして扱い、ナンバリングしながらデータ化した。それらのデータは、①入卒園式の意味づけ、②規範意識の様相、③規範的な服装に求められること、④規範的な服装の色とスタイル、⑤服装によって達成したいこと、⑥服装によって演出したいこと、⑦服装による目的達成と自己演出の方法の視点で分析された。それぞれに関連する記述をデータの中から抽出

表２－１　分析対象の記事一覧

雑誌名	発行	記事タイトル	ページ数
VERY	2010年１月号	エレガント卒園式とハンサム入学式	112 ～ 115
VERY	2010年４月号	入園・入学式も「イケダンの隣に、私がいる！」	142 ～ 145
VERY	2011年２月号	保存版・30台からのセレモニー服の掟	50 ～ 60
VERY	2012年１月号	卒入園スーツは“着回せるスカート”で選ぶ！	128 ～ 131
VERY	2012年３月号	卒入園式はやりすぎない「華やかヘアアレンジ」に挑戦！	136 ～ 139
VERY	2013年２月号	卒園式に、ゆるトラの父と母がいる！	130 ～ 133
VERY	2013年３月号	畑野ひろ子さんと牧野紗弥さんの「入園準備」物語	113 ～ 113
VERY	2013年11月号	お受験終わりが卒入園服買い始め	170 ～ 171
LEE	2013年３月号	入園・入学ジャケット３段活用	54 ～ 59
LEE	2014年２月号	成功する卒園式の服	61 ～ 64
LEE	2014年３月号	記念行事のお着物レポート 注1	94 ～ 95
nina's	2010年３月号	大切な日に、おめかし親子服	48 ～ 51
nina's	2011年３月号	わが家のイベント勝負服	46 ～ 51
nina's	2012年３月号	着回しセレモニー服	38 ～ 43
nina's	2013年３月号	着回しできるセレモニー服	114 ～ 119
nina's	2014年３月号	きちんとしたい日のおめかし服	82 ～ 89
I LOVE mama	2009年５月号	ママとちびコのきちんとスタイル BEST3	33 ～ 35
I LOVE mama	2010年４月号	ラブママ的入卒服のデイリーコーデレッスン♪	66 ～ 69
I LOVE mama	2011年４月号	美ママの園デビュー	40 ～ 43
I LOVE mama	2012年４月号	美ママの園デビュー Q&A	65 ～ 69
I LOVE mama	2014年４月号	入園準備はすすんでる？	14 ～ 19

注１：ただし『LEE』2014年３月号の「記念行事のお着物レポート」は、ほかの記事のような服装の提案ではなく読者の経験談が中心であるため、画像データとしては扱っていない。
出所：筆者作成。

し、意味内容に即してカテゴライズすることでその内容を読み解いた。記述数と記述例は表２－１に示した。それぞれのテキストは複数の意味内容を含む場合があるが、その場合には一つの意味内容だけを含むようにテキストを切り分けて分析をおこなった。

画像は、記事に紹介されている衣服について、①衣服の金額、②衣服と靴、鞄の色、③衣服と靴のデザイン、④ボトムスの丈の長さ、⑤モデルの髪色、をデータ化した。

①金額は一つのコーディネートのアウターとボトムスの合計金額を算出し、雑誌ごとに平均値をだした。

②色は誌面の画像を見ながら色ご

とに分類し、黒と紺、グレーといったダーク・カラーを「黒・紺・グレー」に白とベージュを「白・ベージュ」に、それ以外の色を「その他」にして集計した。③デザインについては記載されている商品名などを参考にしながら、アウターは「ジャケット」「カーディガン」、さらにコートやライダースなどをまとめた「その他」に分類した。ボトムスはスカートとワンピースを合わせた「スカート・ワンピース」と「パンツ」、そしてショートパンツやキュロットをまとめた「その他」とした。靴は「パンプス」とそれ以外の「その他」に分類してそれぞれ集計した。また④ボトムスの丈の長さは、着用しているモデルのひざを目安にして、太もも半ばまでの長さを「ミニ丈」、ひざ付近の長さを「ひざ丈」、ふくらはぎから足首にかけての長さを「くるぶし丈」として集計した。最後に⑤モデルの髪の色は「金髪」と「茶髪」、さらに暗めの茶色から黒色を「黒髪」として集計した。これらのデータの数量的な傾向から、どのような衣服やモデルの身体によってイメージがつくられているかを分析した。②から⑤の集計結果は表2－2に示した。データ化の対象としたのは、モデルが着用しているかにかかわらず全身の装いとして紹介されているものである。モデルが着用していないこと、あるいは画像のレイアウトが理由で、いずれかの情報が欠損していることがあるが、欠損した項目以外はデータとして扱った。欠損したものは表2－3に欠損値としてその数を示した。

1　テキストにおける入卒園式ファッション

まずは誌面における入卒園式という場の意味づけを確認した上で、場における服装の規範意識、具体的な衣服の色やスタイルについて分析をおこなう。さらに規範的な意識だけではなく、衣服を通じて何を達成したいと語られているか、どのような自己演出をしたいとされているか、それをどのような手段で達成しようとしているかについても分析する。以降の分析では、上位の意味内容を示すカテゴリ名については【　　】と表記する。

(1) 入卒園式という場と規範意識

入卒園式の意味づけで、もっとも多く記述されていたのは「きちんとした場」である、「特別な日」であるなどのように【フォーマルな場】だということであった。併わせて「主役は子ども」である、「子どもの節目」の日であるというように、入卒園式は【子どもが主役の場】であること、さらには母親にとっても新しい人間関係がはじまる【出会いの場】であることも記述される。これらの記述から、入卒園式はフォーマルな場であるとともに母親としての立場が強調され、それは今後の人間関係を左右する出会いの場だと認識されていることがわかる。

このように入卒園式は重要な場面であるため、服装に【ルールの存在】があることも示されている。

表2－2　テキストに記述された意味内容

カテゴリ群	記述数	カテゴリ	記述数	意味内容	記述数	具体例
入卒園式の意味づけ	40	フォーマルな場	28	きちんとした場	10	きちんとシーン
				特別な日	8	特別な日
				晴れの日	6	ハレの日
				おめでたい日	4	お目出たい席
		子どもが主役の場	8	主役は子ども	4	子どもが主役のイベント
				子どもの節目	4	子どものセレモニー
		出会いの場	4	出会いの日	4	初めましての緊張感が漂う
規範意識の様相	72	ルールの存在	48	定番的である	24	定番アイテム
				無難である	12	間違いない
				ルールである	7	“暗黙の了解”的なドレスコード
				仕様がある	5	入学式仕様
		周りの様子	10	人が多い	7	スーツ率が高い
				傾向にある	3	コンサバ服になりがち
		タブーの存在	14	NGである	14	浮いちゃうからNGだよ
規範的な服装に求められること	34	場に合わせる	13	きちんとした	7	きちんと感を出したいとき
				式の仕様	6	セレモニー対応のきちんと顔
		個性の主張	3	個性	3	自分らしさは取り入れたい
		個性の抑制	18	控えめに	14	いつもよりは控えめに
				地味に	4	地味すぎかなと思うくらいで
規範的な服装の色	30	ダーク・カラー	28	黒	17	フォーマルな黒のスーツ
				紺	6	正統派のネイビー
				モノトーン	2	モノトーンスタイル
				ダーク・カラー	2	ダークカラーベースのファッション
				グレー	1	グレーで控えめに
		パステル・カラー	2	薄桃	1	薄いピンクや黄色のセットアップ&JK
				黄色	1	薄いピンクや黄色のセットアップ&JK
規範的な服装のスタイル	54	洋服	42	スーツ	15	ブラックカラーの定番スーツ
				セットアップ	9	確実なセットアップ
				ジャケット	9	ジャケット＋ワンピの鉄板コーデ
				ワンピース	9	定番といえばワンピース

		ファッション系統	6	コンサバ	6	コンサバが基本の園や学校
服装によって 達成したいこと	46	目立ちたい	16	目立つ 差をつける 視線を集める	9 5 2	注目の的 周りと一歩差がつく 周りのママの視線をくぎづけに
		目立ちたくない	18	浮かない 悪目立ちしない 引かれた	12 4 2	浮いちゃうからNGだよ 悪目立ちはNG ドン引きされた
		好感度を得たい	12	好感度	12	万人ウケ
服装によって 演出したいこと	337	場へのふさわしさ	117	きちんと感 伝統感 フォーマル感 特別感 コンサバ感 セレモニー感	36 33 19 11 10 8	羽織るだけできちんと感がアップ クラシカルな雰囲気 フォーマル感バッチリ！ 特別感のあるおしゃれ コンサバな雰囲気 一気にセレモニー感アップ
		華やかさ	88	華やかさ ゴージャス感 ドレッシーさ 明るさ	62 10 8 8	華やかな気分にさせてくれる ゴージャス感アップ ドレッシーなセットアップワンピース 明るさを添えるブルー
		上品さ	41	品のよさ エレガントさ	25 16	上品な印象に エレガントな印象になります
		流行感	33	トレンドさ	33	トレンド感満載
		優しさ	13	優しさ やわらかさ	8 5	優しい雰囲気で高感度抜群 柔らかな第一印象
		大人っぽさ	40	大人 女性 母親（ママ）	9 13 17	大人らしい品格をアピール 女性らしい表情のとろみ素材 上品で優しいママの雰囲気
		若さ	5	若さ	5	ビビット系で若さをアピって
服装による目的達成と 自己演出の方法	41	フォーマルから離れる	32	派手さ 個性 遊ぶ	26 3 3	小物でワンポイント 小物でちらりと主張させる 小物で遊んで
		フォーマルに準拠する	9	フォーマルさ	9	オンしてザ♡ママ行事コーデ

出所：筆者作成。

表2－3　画像表現における衣服の特徴

	タイトル	黒・紺・グレー	白・ベージュ	その他	合　計	n	欠損値
アウターの色	VERY	63.2%	23.7%	13.2%	100.0%	76	1
	LEE	57.1%	35.7%	7.1%	100.0%	14	0
	nina's	57.5%	35.0%	7.5%	100.0%	40	9
	I LOVE mama	55.0%	20.0%	25.0%	100.0%	20	1
	合　計	60.0%	27.3%	12.7%	100.0%	150	11
ボトムスの色	タイトル	黒・紺・グレー	白・ベージュ	その他	合　計	n	欠損値
	VERY	64.9%	24.7%	10.4%	100.0%	77	0
	LEE	64.3%	35.7%	0.0%	100.0%	14	0
	nina's	53.1%	22.4%	24.5%	100.0%	49	0
	I LOVE mama	52.4%	28.6%	19.0%	100.0%	21	0
	合　計	59.6%	25.5%	14.9%	100.0%	161	0
靴の色	タイトル	黒・紺・グレー	白・ベージュ	その他	合　計	n	欠損値
	VERY	78.9%	5.3%	15.8%	100.0%	19	58
	LEE	71.4%	7.1%	21.4%	100.0%	14	0
	nina's	44.7%	21.1%	34.2%	100.0%	38	11
	I LOVE mama	73.7%	15.8%	10.5%	100.0%	19	2
	合　計	62.2%	14.4%	23.3%	100.0%	90	71
鞄の色	タイトル	黒・紺・グレー	白・ベージュ	その他	合　計	n	欠損値
	VERY	72.7%	12.1%	15.2%	100.0%	33	44
	LEE	42.9%	35.7%	21.4%	100.0%	14	0
	nina's	22.2%	33.3%	44.4%	100.0%	18	31
	I LOVE mama	50.0%	31.3%	18.8%	100.0%	16	5
	合　計	51.9%	24.7%	23.5%	100.0%	81	80
アウターのデザイン	タイトル	ジャケット	カーディガン	その他	合　計	n	欠損値
	VERY	98.7%	0.0%	1.3%	100.0%	76	1
	LEE	92.3%	0.0%	7.7%	100.0%	13	1

	nina's	94.1%	5.9%	0.0%	100.0%	34	15
	I LOVE mama	45.0%	30.0%	25.0%	100.0%	20	1
	合計	89.5%	5.6%	4.9%	100.0%	143	18
ボトムスのデザイン	タイトル	スカート・ワンピース	パンツ	その他	合　計	n	欠損値
	VERY	97.4%	2.6%	0.0%	100.0%	77	0
	LEE	78.6%	21.4%	0.0%	100.0%	14	0
	nina's	79.6%	14.3%	6.1%	100.0%	49	0
	I LOVE mama	81.0%	9.5%	9.5%	100.0%	21	0
	合　計	88.2%	8.7%	3.1%	100.0%	161	0
靴のデザイン	タイトル	パンプス	その他		合　計	n	欠損値
	VERY	100.0%	0.0%		100.0%	19	58
	LEE	100.0%	0.0%		100.0%	14	0
	nina's	92.1%	7.9%		100.0%	38	11
	I LOVE mama	89.5%	10.5%		100.0%	19	2
	合　計	94.4%	5.6%		100.0%	90	71
ボトムスの丈	タイトル	ミニ丈	ひざ丈	くるぶし丈	合　計	n	欠損値
	VERY	3.0%	97.0%	0.0%	100.0%	33	44
	LEE	37.5%	37.5%	25.0%	100.0%	8	6
	nina's	40.0%	44.0%	16.0%	100.0%	25	24
	I LOVE mama	85.0%	10.0%	5.0%	100.0%	20	1
	合　計	36.0%	55.8%	8.1%	100.0%	86	75
髪の色	タイトル	金　髪	茶　髪	黒　髪	合　計	n	欠損値
	VERY	0.0%	61.8%	38.2%	100.0%	34	43
	LEE	0.0%	0.0%	100.0%	100.0%	8	6
	nina's	0.0%	44.0%	56.0%	100.0%	25	24
	I LOVE mama	76.2%	23.8%	0.0%	100.0%	21	0
	合　計	18.2%	42.0%	39.8%	100.0%	88	73

出所：筆者作成。

すなわち入卒園式には「定番的な」あるいは「無難な」服装があることや、ふさわしい服装の「仕様がある」といった「ルールがある」ことが記述されている。そして【ルールの存在】だけではなく、誌面では衣服の色やスタイルについても言及し、そのルールを具体化している。まず規範的な服装の色は黒や紺といった【ダーク・カラー】で、またその規範的なスタイルは、スカートのスーツを基本とした【洋服】であることが示されている。これらの記述はフォーマル度の高い服装として評価されると服飾研究が指摘していた服装の色味、スタイルとおよそ一致している。また【ファッションの系統】としては「コンサバティブ」が基本だとされていた。このように具体的なイメージをともないつつ服装にルールがある入卒園式の場では【場に合わせる】ことが重要であるとも語られている。つまり入卒園式は服装についてルールがあり、具体的な服装としてはダーク・カラーで、スカートのスーツというスタイルが挙げられている。

こうしたルールの提示に加えて、ほかの参列者がどのような服を着用していることが多いかという【周りの様子】を記述することで規範的な服装を示すようなパターンもあった。言い換えればほかの母親たちの服装に合わせることが暗に推奨されており、これは母親集団の外見における同調志向の強さとして読みとることができる。以上の内容は雑誌による大きな違いはみられなかった。そのため入卒園式の意味づけ、そこでの服装の規範意識と母親集団の同調性は4誌を通じて共有されているものと考えられる。

とりわけ規範遵守の方向性が強く表面化しているのは『I LOVE mama』であり、【ルールの存在】

に加えて具体的な事例を挙げて解説をしながら、どのような服装が不適切かといった【タブーの存在】を提示して回避を促している。【タブーの存在】に該当する記述は『VERY』にも１事例存在したが、悪目立ちはよくないという記述であり、『I LOVE mama』のような禁止事項の提示にまで踏み込んでいるわけではない。さらに『I LOVE mama』は「控えめに」することや「地味に」することを通じた【個性の抑制】も必須事項に挙げている。このように『I LOVE mama』は服装規範を遵守し自らのファッションを顧みることを読者に奨励していた。

(2) 服装を着用する目的とその手段

集団や社会の規範ではなく、ここからは個人が服装の着用に対してもつ期待や意識について分析する。

衣服を装うことには【目立ちたい】と【目立ちたくない】という相反した目的があり、それはどちらも【好感度を得たい】という最終的な目標に向かっている。好感度をもたれたい相手には、ほかの母親はもちろん、参列している父兄、あるいは幼稚園や保育園、学校の先生が想定されている。つまり周囲の人たちから好感度を獲得することが大きな目標にすえられているのだが、その方法には相反する二つの方法が存在するのである。【目立ちたい】という方向性は雑誌による違いはみられないため、基本的には、ほかの母親たちの中で目立つことを服装によって達成しようという考えかたがある。言い換えれば、入卒園式に参列する母親はこぞって似たような服装を着るものだという意識があるようだ。

一方で【目立ちたくない】という方向性で好感度の獲得を目指すのは『I LOVE mama』が中心となる。これは先述した規範を遵守する意識の高さとも関連していると考えられるが、とりわけ着用していた衣服によって周囲の人から「引かれた」という読者の経験談の紹介は『I LOVE mama』にしかみられなかった。つまり、服装によって好感度の得られる程度に目立つことが志向されているが、その度を超えた目立ちかたは逆に嫌われてしまうため、今度は目立たないことを志向することになる。このことから『I LOVE mama』が通常取り上げているファッションは、入卒園式という場においては抑制しなければ悪目立ちするファッションだという自覚があり、だからこそ規範遵守を強く意識しているのだと考えられる。

また服装を通じた自己演出についても語られている。まずは「きちんと感」や「伝統感」「フォーマル感」といった【場へのふさわしさ】が演出したいこととして挙げられ、さらに【華やかさ】や【上品さ】【大人っぽさ】【流行感】があった。これらは4誌を通じて語られていたことである。一方で【優しさ】は『VERY』『LEE』『nina's』にのみ、【若さ】については『I LOVE mama』にのみみられた。

最後に、好感度を獲得するために目立つことと目立たないこと、さらには自己演出をするとき、小物を使うことによってそれらを達成しようとしていることが挙げられる。この使いかたは二つのパターンに分けられる。まず『VERY』『LEE』『nina's』は小物に対して「派手さ」や「個性」を求めており、小物を使うことによって【フォーマルから離れる】ことを目指している。その一方で『I LOVE mama』は「フォーマルさ」のある小物を用いることを指南しているように、小物によって【フォーマルに準拠】することを図るという逆向きの方向性が見出された。このように目立つことと目立たないことの相反する志向性の実現には靴や鞄、あるいは衣服のディテールという細部が重要な役目を果たしていると考えられる。さらにこのことから、フォーマルな全体に対して細部での個性化というパターンと個性化された全体に対して細部でフォーマル化するというパターン、つまり行動指針において違いがあることも推察される。

2　画像における入卒園式ファッション

この節では誌面に取り上げられている服装について分析する。テキストから見出された場によって求められる規範的なスタイルと一方で目立ちたいという差異化の志向性は、画像によってどのように具体化されているのだろうか。

まず服装の金額について確認しておく。コーディネートあたりの全体の平均額は６万５３４１円で、雑誌別では、もっとも平均金額が高いのは『VERY』の９万６８３５円、ついで『LEE』の５万８６５円、『nina's』の４万３６３０円、もっとも安かったのは『I LOVE mama』の１万１７０９円であった。このような金額の差は読者集団の特徴と関連していると考えられ、読者層が高収入である雑誌は金額が高くなっている。

画像上の衣服と靴と鞄という小物の色、デザイン、丈の長さ、あるいはモデルの髪色について、どのようなものを使ってイメージが具体化されているかを数量的に示した表2－3の結果を確認しながら分析する。

(1) 誌面に取り上げられる服装とモデルの身体

全体的な傾向として、「黒・紺・グレー」のダークトーンに加えて「白・ベージュ」の衣服も掲載されている。衣服、小物にかかわらず全体の8割前後がこれらの色で占められている。しかし「その他」についてはやや傾向に違いがみられた。『nina's』は「その他」の色を使ったボトムスと靴、鞄を掲載する傾向にあり、『I LOVE mama』はアウターに「その他」が多いことがわかった。

デザインについて、まずアウターは「ジャケット」が全体で9割前後を占めている一方で『I LOVE mama』は「ジャケット」の比率が低く、「カーディガン」や「その他」が用いられていた。次にボトムスの全体的な傾向は「スカート・ワンピース」で、これが9割弱を占めていた。そのなかで『LEE』は「パンツ」が2割、『I LOVE mama』は「その他」が1割を占めているという特徴があった。最後に靴は、全体の9割以上が「パンプス」を着用していた。ただし『VERY』『LEE』は形状に遊びのないものが多い傾向にあり、対して『nina's』にはデザイン性の高いものも多くみられた。一方で『nina's』にはパンプス風のブーツであるブーティや、『I LOVE mama』にはブーツといった「その他」が用いられているという特徴がある。したがって服飾研究の知見をふまえると、『VERY』や『LEE』の衣服は色とデザインとともにフォーマル性が高いとされるものであり、『nina's』は小物という小さな部分に少し異なるものをとりいれる一方で、『I LOVE mama』はデザイン自体が異なる衣服を用いていることがわかった。

また丈の長さは、「ひざ丈」のボトムスが全体の5割強を占めていた。とりわけ『VERY』はほとんどが「ひざ丈」であった。一方でほかの雑誌には「ミニ丈」のボトムスも着用され、特に『I LOVE mama』は8割以上が「ミニ丈」の露出度の高いものであることがわかった。フォーマル性の指標と照らし合わせれば、『I LOVE mama』の衣服は丈の短さからフォーマル性が低いとみなされることがわかる。

最後に髪の色である。全体的な傾向としては「茶髪」と「黒髪」のモデルが同程度登場している。『I LOVE mama』にのみ「金髪」のモデルが登場していた。対して『LEE』には「黒髪」のモデルで占められていることがわかった。

3　ファッション志向の高い母親の中でも異なるギャルママのファッション

本章は子どもをもつ女性たちを想定読者とする雑誌のフォーマル・ファッションを特集した記事に

着目し、構築される言説と可視化されたイメージとの両側面からアプローチしてその内容を比較することから、母親のファッションの多様化とギャルママのポジションを検討した。

フォーマルな場面における母親の規範的なファッション行動は、ルールに基づいた衣服を身に着けつつ好感度が得られるように個性の主張できる装いをすることである。ルールの具体化として提示されるファッションの基本型は、ダーク・カラーのスーツにパンプスというフォーマル性のあるスタイルである。これをイメージによる具体化の点でも中心にしているのは『VERY』『LEE』で、そこからディテールによってやや離れているのが『nina’s』、そして衣服のデザインが異なるなどもっとも離れているのが『I LOVE mama』であった。つまり個性化を志向しながらも外見の上では画一的なパターンがあることがわかった。これは行動指針の違いによるもので、『VERY』『LEE』『nina’s』はフォーマルな衣服の型を守った上で小物やディテールを使って目立つことを目指すという行動であることと対照的に、『I LOVE mama』はフォーマルから離れた衣服を使いながら小物によって規範的であろうとする行動である。そのため服装に対する意識は共通している一方で外見のイメージとしては広がりが生じている。本書は一般にファッション意欲の高い層が読者として想定されるファッション誌を対象にしているため、ファッションに関心のない層を汲みとれないという限界がある。しかしながら同時期に出版されていたマナー・ブックにも『VERY』『LEE』『nina’s』と類似する内容がある。[*1] そのためこれらの雑誌の内容は一般的なものとみなせるだろう。

この結果から、ギャルママのファッション行動は規範的である、つまり服装のルールを意識しながら個性を表現して目立つことを実行しているとみなすことができるにもかかわらず母親集団の中で他者化されていることが指摘できる。読者たちに個性化を奨励するのは『VERY』『LEE』『nina's』であり、どちらかといえば『I LOVE mama』は個性を抑えることを促していた。むしろ個性を忠実に表明しているがゆえにギャルママの母親集団における周縁性は増大しているといえる。このことはファッションが多様化しているとはいえ、少なくとも母親としての立場が優先される場においては、外見における横並びを要請する同調圧力が強く、その多様化は一定の範囲内で許容されたにすぎないことを示唆している。本書は異なるファッション系統の雑誌を比較することで、母親のファッションが多様化している様相を描きだそうとしたものの、結果的にはギャル系とそれ以外の系統という位置づけにあることがわかった。すなわち『VERY』『LEE』あるいは『nina's』が母親に許された範囲内で自分らしさを表現することを読者に示す一方で、『I LOVE mama』のいう自己主張はその見えない境界線を超えているのではないだろうか。言い換えれば、母親としてのファッションは若い世代のそれと全く等しいわけではなく、いわば母親仕様のなかのファッションであるのだと考えられる。そして、母親としての許容範囲を超えているのがギャルママであると考えられる。ただし、ギャルママは外見のイメージとしては同質性を欠いているが、テキストからみるとほかのファッション系統と同じような規範意識をもっており、むしろ過剰なほど重視されていたといえる。

注記

＊1　たとえば「親の装いはあくまで「付き添い」であることを忘れずに。父親はビジネススーツ、母親は無地のスーツかワンピースが基本になります。」（主婦の友社編 2010：193）などといった記述がある。

Chapter 03

ギャルママのファッションはなぜ「違う」のか
――自己の満足と他者との関係性のはざまで

はじめに

第2章では、ファッション雑誌を比較し、ファッション系統にかかわらず母親がファッションを通じて個性を発揮することが奨励されている一方で、ギャル系以外のファッション系統では表象される母親の外見的イメージは実のところどれも似通っていることが明らかになった。そうしたギャルママ独自のファッション行動にはどのような動機があるのだろうか。本章ではインタビュー・データを用いて検討していく。第1節では、ギャルママのファッションに対する動機を探り、第2節では、実際にギャルママはどのようなファッションを実践しているのか分析する。

○分析方法

ファッション行動において特徴的な集団の事例は「族」と称される若者のサブカルチャーが中心で、服飾史にはその服装が時代のファッションとして記述されてきた。サブカルチャーの服装は他者と異なるアイデンティティをもちたいというユニークネス欲求と自らの望ましいと考える印象を与えたいという自己呈示欲求が動機となって生じており、そうしたサブカルチャーの服装は逸脱として社会的不適合に陥っているとみなされやすい（西川 1996）。一方で服装を通じて確立されるアイデンティティの問題については、他者との関係性を忘れてはならない。たとえば美容整形の動機には自己の満足が語られる一方で他者、とりわけ同性の友人の目が非常に気にされているという指摘（谷本 2018）があるように、動機は自分がしたいからするというものでありながらも、他者との関係性を無視することもできないことが示唆される。今日の若者のアイデンティティのありかたを論じた浅野によれば、流動化する社会のなかでは状況によって自己を使いわける状況志向があり、それによってつくられるアイデンティティは多元的なものである（浅野 2008）。つまり私たちは、自己の唯一性を確認するために自らの身体やファッションを手段としながら、異なる他者との関係性のなかでアイデンティティをそれぞれ創出し、使い分けているのである。こうした知見をふまえて、第1節では当事者の服装を着装する動機について分析する。そして第2節では当事者が服装に関しておこなっている実践を分析する。

1 「自分の好きな服を着る」というこだわり

(1) 好きな服を着たいという欲求

調査協力者が服装について何よりも優先させているのは「自分の好きな服」を着ることである。

「自分の好きな服」を着ていないときの自分は「いつもの自分ではない感じ」がしたり、気分の乗っていない感じが「顔に出てる」と考えていたりするほどである。満足できるコーディネートが決まるまで出かける準備が終わらないという調査協力者もいる。調査協力者にとって「自分の好きな服」を着ることは「気分があがる」「ハッピーになる」ことであるため、そうすることによって「モチベーションがあが」ったり「ストレス発散」になったりしている。いわば自分の好きな服を着るということが彼女たちを前向きに生活させる活力剤の役割を担っている。そして、「自分の好きな服」を着るということは母親であるからといってやめられるものではないことが主張される。誰に着せられているわけではなく、「自分の好きな服」を着たい、着ているのだという調査協力者の語りからは、ファッション行動が彼女たちにとって自らが能動的に関与するものとして位置づけられていることが読みとれる。母親であるということに対するＩの語りを引用する。

Ｉ：(お母さんになったからといって）特には変わんなかったですね。別に変えようとも思ってなかったですし。別に自分はこれが好きだから、別にこんな格好してても普通にお母さんやるってやるっていうか、お母さんだしっていうのはあったので、別に特段変えようとか、そういうのは考えなかったですね。ずっとそのまま自分の好きな格好をしてるって感じですね。

「自分の好きな服」を着ることが重要であると主張される一方で、そもそも「自分の好きな服」とはどのようなものなのだろうか。服装を選ぶ上でのこだわりに関するＪの発言を引用しながら検討したい。

J：私、人とかぶったりするのが嫌とかいうのがあったから。わざわざ（都心に）買いに行って、（その服を）着てってしてたから。周りからしたら私はそのブランドを着てるっていうイメージがついて、ずっとそうやってきたって感じですね。（都心で買う服は地元では売ってないから（人とは違う感じになった）。

こうした語りから、人とかぶらないこと、「私」というイメージを確立していくことが服装の選択において重視されていることが示唆される。それと同時に、たとえば金髪やつけまつげ、あるいはミニスカートなど、選択される衣服やメイクそれ自体が必ずしも重要な意味をもつわけではないようであることも指摘できる。調査協力者によれば、「自分の好きな服」を着ること以外に「これがないと」だめだというようなアイテムがあるわけではなく、時々の気分に合わせてコーディネートを決めている。もちろん手放せないなにか（多く言及されていたのは、つけまつげやカラーコンタクト）があるという場合もあるが、それはあくまでも自分に必要だと思うからであり、自分に似合わなくなったと感じれば手放すものであると語られる。このことから、それぞれのファッション・アイテムがもつ記号的な意味よりも、自分に合うものを選んで身につけているということの方が重要であることがうかがえる。過剰に日焼けした肌を好んだいわゆる「ガングロギャル」もガングロのスタイル自体に強いこだわりがあるわけではなく、あくまでもそのときの自分の好ましさによってスタイルが選択されているという指摘（化粧文化編集部 2000）がされていたのと同様に、調査協力者の語りからも、スタイルそれ自体へのこだわりというよりも、自分に似合うかどうかという好みが重要であることが示唆される。

(2) 対比される周囲の母親

その一方で、調査協力者は、自分たちは「好きな服を着ている」がほかの母親はそうではないと捉えていることが指摘できる。子どもの幼稚園や小学校を通じて知り合う母親たちの服装は自分とは違うと考えているBの語りを紹介する。

B：自分が好きな服を着ていないんじゃないかなって思います。（似たような服を着てるな）とかも思いますし。旦那さんの好みに合わせたりするかたもいると思うし、お母さんになったからっていうのを意識されて「ファスト・ファッションとか、そんなんでいいねん」っていう考えになってる人もいると思いますし。やっぱり周りの目っていうのを気にしてる人が多いのかな。それが良い悪いは別として、そういう人が多いのかなっていう印象はあります。

つまりBは、周りの母親のことを大量生産のファスト・ファッションで他人と似たような服装をしている、あるいは、夫の好みや周りの目を気にして無難な服装をしていると考えており、それは受動的な態度であると捉えているようである。もちろん調査票力者たちは、ほかの母親が外見に一切配慮してないと考えているわけではない。しかし周りの母親たちは「おしゃれかどうか」はさておき、

「一応きちっとメイクしてる」「ちゃんとしてる」程度であると捉えている。こうした服装に対する態度は調査協力者が望ましいと考える能動的な行為としてのファッションではないため、能動的におしゃれをする自分たちとは異なる集団としてほかの母親たちを捉えているといえる。

(3) ママになってからギャルママになった人の動機

好きな服を着たいという動機がどこからくるのかをママになってからギャルママになった母親たちの語りから探りたい。

母親になってからギャルママになったAとDに着目してみよう。二人の語りからも、「したいからして」いるのだという自身の能動的な働きかけとしてのファッションに対する肯定感や服装やメイクによって「自分をつくって」いるという感覚が読みとれ、自分（たち）とほかの母親とを対立的に捉えているところも共通していた。全体的な着装動機について、母親になる以前からギャルであった母親たちと大きな違いが見られなかったのは、調査時点ではすでにギャルママとしての価値観や振る舞いを受容していたからではないかと考えられる。実際のAの語りを紹介する。

A：ギャルでママっていう印象があんまり良くなかったっていうのもあって。あまり派手じゃダメというか。自分の中で「抑えないといけない」っていうのをずっと思ってたんですけど。でも（ギャルママ）サークルのかたたちってぶっ飛んでるくらい派手なんですよ。ウィッグもつけてますし、でっかいリボンを（当時は流行だったので）つけてたりとか。もう思いっきり自分のファッションを楽しむっていう感じのかたやったんで。ぶっ飛んでるなあっていう感じがあったんですけど、でも「そこまでしても良いんや」っていうのは、なんか嬉しかったですね。

――ギャルママのなかに入ってみてどう感じた？

A：おしゃれ、みんなしてはって、すごいキラキラしてるように見えたんですね。で、そのときに「私もおしゃれしていいんや」って思って。そこからですね。「お出かけするときも100％の自分で出かけよ」って思うようになって。そこからストレスとかも緩和されて。モチベーションがすごい上がってるんで、子どもに対する接しかたが変わってきたんもそこからかなって思います。「いいんや」っていう感じで。「みんなすごい綺麗にしてるのに、私も別に綺麗にしてていいんや」って。「やりたかったらやってもいいんや」って思えた。

Aは以前からおしゃれや美容に関心はもっており、独身時代は「きれいなお姉さんを目指したようなファッション」をしていたが、出産後、子育てに必死であったために自身の身なりへの関心を失っていたと語る。この背景には、地域移動によって育児を助けてくれる人的資源が少なかったことや夫が仕事で多忙だったことによって生じた孤立した状況と、「完璧な育児」をしなければならないと彼女自身が考えていたことがある。Aは、おしゃれをしたいという気持ちはあったため自分の服装やメイクに気が回らないことを嫌だと感じていた一方で、子どもと一緒にいるだけなのでおしゃれをしても仕方がないという気持ちもあり、当時の心情を鬱屈した状態であったと振り返っている。このときは一般論として母親は派手な服装をしてはいけないのではないかという意識もあったため、ギャルママに対してあまりよい印象をもってはいなかった。しかし、知り合いに声をかけられてギャルママの活動やイベントに参加してみることを通じて、自分もほかのギャルママと同じようにおしゃれを楽しみたいと考えるようになる。母親であっても自分の好きなおしゃれを思いきり楽しんでいるギャルママの姿勢に衝撃を受けると同時に、自分もそのようにしてよいのだと励まされたからである。そして自分もギャルママになり、ギャルママ仲間を獲得していくことで、母親としての生活も楽しいものへと変わっていったのである。こうした子育ての孤立した状況からギャルママになって仲間を獲得したことによるエンパワーメントのメカニズムはDにも共通している。

つまり彼女たちにとってギャルママになることは、母親としての立場を放棄するような行為であるというよりも、ギャルママという仲間を見つけ、孤独を解消し、自分らしさを取り戻し、そしてエンパワーメントされていく過程であったと考えられる。母親になる前からギャルであった調査協力者のなかにも、ギャルママであることによって仲間をつくることができたという語りがあった。このように「自分の好きな服」を着ることが気分を晴らし、ストレスを発散させるなどポジティブな働きをしていることはもとより、ギャル・ファッションで装うことで同質性の高い友人関係や子育て仲間を構築することが可能になり、それがエンパワーメントにもつながっているのである。

ギャル化のタイミングは異なっているものの、調査協力者はファッションを自分が能動的に関与するものとして位置づけ、ファッションを通じた自分らしさの表現を肯定的に捉えており、それは仲間を見つけるというエンパワーメントでもあることがわかった。こうしたギャル・ファッションをすることによるエンパワーメントやアイデンティティの回復は、ギャルに対する指摘とも共通している（『アエラ』１９９９年11月15日号；上間 2002；藤田 2011）。言い換えれば、ギャル・ファッションは用いられるアイテムや派手さなどの表層的な特徴だけではなく、ファッションがアイデンティティの回復やエンパワーメントの手段になっていることも特徴であると考えられる。

２　母親であることとの両立

調査協力者は「自分の好きな服」を着るというこだわりを母親であるからといって捨てられるものではないと主張しているが、それと同時に、実際には母親であることを意識して服装に何らかの配慮をしていることも語っている。表３－１にそうした調査協力者の服装に対する配慮に関する語りを整理して示した。

(1) 実用的な意味での配慮

配慮しているものとして挙げられたもののうち実用性という意味を帯びるものには、「ヒールをや

表3－1　服装を変える理由と具体的な内容

	服装を変えた理由		具体的に変えたもの			
	実用性	周囲の目	靴	衣服	ヘアスタイル	その他
A	○		ヒールをやめた	動きやすいものにした	髪の色を暗くした 髪を短くした	
B	○	●	ヒールをやめた	汚れてもいいものにした		使い回せるものを選ぶようにした 本当に使うものだけ買うようにした
C		○ ●	ヒールをやめた	ショートパンツに変えた		おとなしめにした
D		○ ●				全体的に抑えた
E	○	○ ●	ヒールをやめた	パンツスタイルが増えた	髪の色を暗くした	
F	○					爪を短くした 露出を抑えた
G	○	○ ●	ヒールをやめた	汚れてもいいものにした		露出を抑えた
H	○	○ ●	ヒールをやめた		髪の色を暗くした	両手が空けられるバッグに変えた
I	○	○	ヒールをやめた			
J	○		ヒールをやめた	パンツスタイルになった 体型が隠せるものにした	髪の色を暗くした	
K	○			動きやすいものにした 体型が隠せるものにした		可愛さより安さをとるようになった

注：「周囲の目」は、一般的な状況について言及した場合には○を、幼稚園や小学校でのことについて言及した場合には●を付して、併記した。
出所：筆者作成。

めた」ことや「爪を短くした」こと、「両手が空くバッグ」や「汚れてもいい服」を選ぶようになったことなどがある。これらは他者から教えられたことというよりも、子育ての場面での自らの実感に基づいてなされた行動である。子育てをする上での不便さについてのFの語りを引用する。

F：爪伸ばしてたときとかも、家事とかは全然できてたんですけど、やっぱり不便っちゃ不便なんですよ。子どもとか遊んだりして傷つけちゃったりとか、ちょっと当たったりとかするときもあったから。若いときは「そんなん別に関係ない、できるし」みたいな感じで思ってたけど、実際やっぱり不便やし。考えちょっと変わってきましたね。

(2) 周囲の目に対する配慮

実用的な側面に加えて、周囲の視線を意識して服装に配慮を加えたというパターンもある。ここでは「子ども連れ」であることに加えて子どもの「幼稚園や小学校が絡む」とより意識されることが語られる。子どもが小さいうちから仲良くしているママ友は自分と「似たような雰囲気」であるが、幼稚園や小学校で新たに出会う母親たちは「ファッションとかも考えも全然違う感じ」がするため、さらなる配慮が必要になると考えているようである。そのため「控えめにすること」やその場に「おかしくない」服装を心がけていくことになる。さらに幼稚園や小学校でのそうした配慮を「母親になった以上はわきまえないと」いけない当然のことだと語る。つまり、母親であることが前景化する場面ではギャル・ファッションが必ずしも歓迎されるわけではないと認識しており、控えめにしなければならないと考えているのである。こうした、母親は無難な服装をするべきであるという意識は、ファッション行動における母親としての価値観と一致していることが指摘できる。外見で自分のイメージが勝手につくられることが嫌で服装を変えたというHの語りを紹介する。

Ｈ：若い若いって言われるのが嫌で。同じ（母親として）同等で見て欲しいっていうのが私の中であって。見た目だけでどうしても判断されちゃう。どうしても経験の差っていうのは出てくるんですけど、それを見た目だけで損したくないなっていうのはあって。髪の毛も、金、明るいのが好きだったのをちょっと落ち着かせて。合わせようっていうよりも。（浮くことが嫌というよりも）自分じゃない自分を勝手に思われたくない。

このように調査協力者たちは、母親としての役割に適応していくにあたって実用的な意味ではもちろん、社会的な意味でも服装を変えていることが示唆される。とりわけ子どもの幼稚園や保育園、小学校といった場面で、服装を抑える方向に調整しようとする意識が高まることが指摘できる。こうした調査協力者の行動と意識は単にＴＰＯをふまえた行動であると捉えることもできるが、自分は母親であるということを意識して、自分の好きな服を着ることよりも母親役割を遂行することや社会的に期待される母親らしさに応じることを優先させているように受け止められる。言い換えれば、自分の好きな服を着るという自己の欲求や希望を母親であるということを優先させるために犠牲にしていると考えられ、母親としての自己犠牲性が見出される。

(3) おしゃれに気合を入れる場所

子どもの幼稚園や小学校に行くときには「抑えめにする」一方で、おしゃれに気合を入れる場所には「イベント」や「友人とのお出かけ」などがある。とりわけ「イベント」には、ママ同士の季節的な行事やパーティだけではなく、雑誌『I LOVE mama』などが主催するスナップ撮影会なども含まれている。これは雑誌掲載といったメディア露出が期待できるものだが、それによって有名人になりたいというモチベーションは全体的にそれほど高くはなく、単に子どもと一緒に友人と楽しめるイベントの一つに位置づけられていた。このことから、ギャルママを受け手に想定するメディアはギャルママ集団の結節点として機能していた可能性が示唆される。ママサークルの活動の一環として撮影会のイベントに参加した際の気持ちについてのCの語りを引用する。

C：やっぱ人とかぶるのは嫌やから。どっかで目立ちたい願望はすごいある。

――イベントに行ったときとかはどんな気持ちでいるの？

C：ギャルの子ばっかりやったから、すごいおしゃれも楽しくて。みんながライバルじゃないけど。雑誌のスナップ撮影とかもあったから、みんなおしゃれもめっちゃ頑張るみたいな。張り合うじゃないけど。みんながそう思ってたんか知らんけど、私はそういう感じでやってて。

このように自分と同じようにおしゃれをするママ同士の間では、互いに刺激し合いながら、それを楽しんでいる様子がうかがえる。また、仲の良いママ友に加えて家族との関係のなかでも調査協力者の服装は肯定されていることが指摘できる。家族からの評価について言及するEの発言を紹介する。

E：たまにネイルに行ってきたりとかしたら（子どもが）「あ、ママ爪キラキラや、可愛い」とか言ってくれるようになりました。旦那さんはおしゃれして欲しい人やから、美容院行ったりネイル行ったりとか、ちょっとたまに家族でもおしゃれして出かける機会とかあると「いいねえ」みたいな感じで言ってくれる。

こうした家族から自分に対する評価に対して、調査協力者は家族のファッション行動にどのように関与しているのかというと、基本的には関与をしていなかった。特に子どもについては、子ども自身が選んだものを購入し着用させていると語られた。たとえばEは、子どもが自分の意思を示すことができない乳幼児期にはE自身が子どもの服装を決めていたが、そのような時期についてもEは自分が子どもに着せたいと思う服があっても、それが子どもの顔や雰囲気に似合わないときには、自分の希望ではなく子どもに似合う服を着せるようにしていたと語っていた。このような語りからは、少なくとも被服選択においては、自分自身と夫、子どもは線引きされ、個別の好みが尊重されていることが示唆される。

仲の良いママ友、夫や子どもという親密な関係性のなかで調査協力者は、自分の好きなおしゃれを存分に楽しんでいることがわかる。ただし、夫とママ友とを比べてみると、ファッション行動においてより意識されているのはママ友であると推察される。たとえばIは、夫に髪を「金髪とかにしちゃえば？」とリクエストされるが、自分ではもう似合わないと思っているし髪の毛も痛むので「しない」と話している。一方、夫と服装の好みが合わないというBは「主人の前では、主人の嫌いそうな服は着ない」で、夫と一緒ではないときに自分の好きな服を着るようにしていると語っている。Bは一見すると夫の好みを優先させているようだが、自分の好きな服装それ自体をやめたりするわけではなく、夫といるとき用の服装を用意しているということである。このようにBは夫からの服装や外見に対する要望に応えるというよりは自分のやりたいことを優先させていることがうかがえ、このことからも自分自身と夫や子どもとを線引きする意識が見出される。いずれにせよ、調査協力者は、その場その場の人間関係に応じて服装を切り替えているのである。特に幼稚園や小学校の保護者同士という母親としての立場が強調される場面と親密な他者とのおしゃれを楽しむ場面で服装を切り替えるということを実践している。場面における切り替えの意識があらわれているDの発言を引用する。

D：（保育園の送り迎えでは）抑えてました。いつも着たいような服とかは着て行かなかった。目立つから。仕事？（なにしてんの？）みたいに思われる。

――抑えめにすることで、なにか言われたりするのを未然に防いでるって感じ？

D：そうそう。オンオフしてたって感じですね。だから本当に極端な話、カラコンとかも（子どもの）送り迎えでは絶対しいひんし。（保育園に行ったあと一旦家に）帰ってから、はめて出かけるとか。それは今でもそうです。

(4) 関係性が定まらない他者から理解されないという問題点

しかしその一方で、場面による切り替えという実践が、街中で偶然出会うような親密ではない他者には理解されないという難しさも同時に語られていく。子どもを連れている状態で目立つ外見をしていると、たとえそれがたまたま派手にした一瞬だったとしても、常に派手な外見の母親であると冷ややかに受けとめられるのである。とりわけ調査協力者は電車のなかや道端で見知らぬ人から批判的な言動を向けられたことに言及している。なぜなら、幼稚園やイベント会場などの個々の場所ではそこでの関係性が明確であるので服装を切り替えるという実践が有効であるが、一方で移動中などのように公共空間で不特定多数と遭遇する場面では、周りの人間との関係性が不明確であるため、配慮のしようがないのである。しかし、それゆえにギャルであるという外見の情報だけが周囲に読みとられ、それは母親としてふさわしくない姿であると捉えられてしまうのである。そのため人間関係や場面に応じて切り替えるという実践によって母親らしさと自分らしさの葛藤に折り合いをつけてファッションを楽しんでいるにもかかわらず、そうした配慮が理解されないという葛藤状態が生じるのである。

こうした状況に言及するGの語りを最後に紹介する。

G：派手だから「ずっとそうなんだ」って見られがちじゃないですか。目立ちますもんね。子ども連れてて、こうやって派手にしてると。（中略）母親ってひとりぼっちだと思うんですよ、ずっと。それがちょっと遊びに出たら、2ヶ月のうちの1回かもしれないですけど、それ（派手にしていること）を言われてしまったりとか。（でも）それを（周りの人が）理解するっていうのは難しいとは思うんで。

3　エンパワーメントの源としてのファッション

第2章でみたように、ギャルママはファッション志向の高い母親たちのなかでも異なる特徴的なファッションの傾向をもっていることが明らかになった。そうしたギャルママのファッション傾向の背景にはどのような当事者の意識があるのかを明らかにするために、本章ではギャルママのファッションに関する行動の動機とファッション行動の実践を検討した。

服装やファッションに関するギャルママのインタビュー・データを分析した結果、調査協力者にとってファッション行動は自らの能動的な行為として位置づけられ、そのように自分らしさを表現できることがポジティブな働きをしていることがわかった。ただし、母親としての役割を引き受けていく中で、服装にはさまざまな矛盾が生じていく。つまりギャル・ファッション自体に実用的な意味で子育てに不向きな部分があったり、母親として歓迎されないだろうと認識したりしているため、とりわけ幼稚園や小学校など母親としての立場が強調される場面では、配慮の必要性を感じている。そのためファッション行動上ではさまざまな配慮がなされていた。特に実用的にも社会的にも服装を変えていかざるを得ない状況が生じたとき、調査協力者は場面による切り替えを実践していく。この実践は、場面によって異なる他者とそのまなざしに応じて自らの服装を調整していくという行動である。こうした実践をすることによって自分の好きな服装をすることと母親として求められることとの両立を目指していくのである。しかし、場面によって切り替えるという実践をしていても、子どもを連れている限りギャル・ファッションでいることを許容されない状況が生じてしまうことがあり、調査協力者は強い当惑感を抱えていることが明らかになった。

分析の結果から、「ママ」ではなく「ギャルママ」であるということは、母親としての立場を受け入れつつ自分らしく生きていく一つのありかたではないかと考えられる。たしかにギャルママが基本的には人とは違う自分らしさを表現できる服装を志向している限り、ほかの母親と比べたときに、実際の外見としては同化していない状態にあるかもしれない。そのためギャルママのギャル・ファッションをするという行為は、母親であることからの逃亡であると捉えることもできる。しかしながら、ギャルママは母親としての価値観も共有しており、実用的な意味でも社会的な規範意識としても、母親としての役割や立場に適応しようとしていることが指摘できる。このことから、ギャルママは母親としての役割を引き受けていない母親というわけではないと捉えられる。さらに母親らしさというイメージを無視したり、それから逃れようとしているというよりも、母親であることが前景化する場では、むしろ従来の価値観に従順であろうとしているようである。切り替えるという実践によって、彼女たちは母親らしさも積極的に引き受けようとしているのではないだろうか。さらに、そうした実践によって自分らしさが維持できることによって、日々の子育てにも前向きに取り組めるのである。つまり、場面に応じて切り替えるという実践をすることで「自分の好きな服」を着るという能動的な行為としてのファッションを達成しながらも母親として適応しようとしているギャルママの行動は、異なる他者との関係性の中で自分らしさを維持する一つの生存戦略であると考えられる。こうした行動と意識は、状況に合わせて関係性を管理し、複数の顔を使いわける状況志向と多元的アイデンティティというありかたのパターンの一つであると解釈することができる。

一方で、なぜそうまでしてギャルママはギャルであるということ、自分の好きな服を着るということにこだわるのだろうか。それは彼女たちが単におしゃれが好き、美容が好きということだけではなく、自分の好きな服を着ることが彼女たちにとって自らが能動的に関与する行為であるからだと考えられる。ギャルに関する既存研究では、勉強ができないことを背景にした自信のなさからアイデンティティを回復していく実践がギャルになるということであると指摘されていた（上間 2002）。本調査の対象者たちも、第5章で詳しく述べるが、自分には学歴や学力がないという意識があり、学校での勉強に否定的である。言い換えれば、ギャルやギャルママは勉強していい学校に進学しいい会社に就職するというライフコースからは少し距離があるといえる。そのような状況の中で、彼女たちは自らが能動的に関わるものとして服装を見出してきたのだと考えられ、また一方では強固な母親規範のなかで自分らしさを確認する営みとなっているのではないだろうか。さらにいえば、ギャルがギャル化することによってアイデンティティを回復し、エンパワーメントされていたように、ギャルママもギャル・ファッションをすることで自分らしさを維持し、またそれによって仲間が得られたことでエンパワーメントが促進されていた。

さらにはギャル系というファッションが自分と近しい感覚をもつ子育て仲間を見つけるための手がかりの一つになっていることが示唆される。本書でインタビューしたギャルママは、ファッション・アイテムがもつ記号的な意味よりも自分に似合う、自分の好きな服を着ることをしていた。その一方で、ギャル系ファッションをするという共通項によって集められたイベントなどは、似たようなファッションをして、ファッションを楽しむ母親同士の交流の場であったことが明らかになった。これらのことをふまえると、ギャルママも目立つことに対する志向性が強いため、ほかのテイストと比較したときのギャル・ファッションの派手さが求められていることはもちろんだと考えられる。しかし、それとはまた異なる側面としてギャル・ファッションが仲間の証として機能していたことも考えられる。ギャル系のファッションがファッション・スタイルの一つに定着した結果、ギャル・ファッション自体に意味がもたれているというよりも、他者との同質さをはかるためにファッションという道具を利用していたのではないだろうか。

Chapter 04

ギャルママの家事・育児は「違う」のか

――多様化する家事・育児の志向性

はじめに

第2章と第3章では、ファッションのイメージやファッション行為という側面について検討してきた。ギャル系ファッション以外にも子育て期の母親を対象とするファッション誌はいくつも発行されているため、自分自身のファッションに関心が高いことはギャルママだけの特徴というわけではなかったが、異なるファッション系統の雑誌を比較してみると、ギャル系とギャル系以外のファッション系統では母親の外見のイメージには相違点があることが明らかになった。このようなギャルママのファッションがどのような動機や意識によって実践されているのかをインタビュー・データから探ってみれば、たしかにファッションは能動的な行為の一つに位置づけられており、強いこだわりをもっているが、その一方で母親としての役割や立場に適応しようとする側面も見出された。こうしたファッションに対するギャルママの意識や行動に対して、本章と次章では家事や育児に焦点を当てていきたい。本章は、特に雑誌メディアにおける家事・育児について、ファッション系統ごとの違いを比較検討することで、雑誌に顕在化する家事・育児の価値観が異なるのか、どのように異なるのかを明らかにしていく。第1節では、見出しタイトルに使われている語の分析、第2節では誌面の内容の構成による特徴の分析、第3節では具体的な記事の内容を取り上げて分析をおこなっていく。

○分析方法

第2章で整理したように、雑誌研究は内容を分類してその比率を分析する内容構成分析やテキスト・データを計量ソフトによって分析するテキストマイニングといった分析手法がある。さらに家事や育児については、『主婦之友』が戦前の主婦のライフスタイルが確立されていく中で大きな役割を果たしていたことに着目した既存研究が挙げられる。戦前の『主婦之友』においてどのような家事や育児の志向性が示されているかという既存研究の知見を集約すると、①合理性（佐藤 2003；2007）、②勤勉さ（大塚・石川 1996；深谷 1999；佐藤 2003；2004；2007）、③節約（佐藤 2003；2004；2007；清水ほか 2009）、④学業への関与（佐藤 2004）の四つにまとめられる。さらにこうした戦前の『主婦之友』から導きだされた志向性について、佐藤は戦後においても主婦の理想として根付いているという考えを示している（佐藤 2003）。そのため、この四点についても詳しく検討するべきだと考えられる。戦前の『主婦之友』にみられた志向性は2010年代にも継続しているのだろうか。そこで第1節ではテキストマイニングをおこない、どのような語が見出し語に用いられているのかを分析する。第2節では雑誌記事の内容構成について分析する。最後に第3節では『主婦之友』を資料とする既存研究が指摘した四点について現代の母親向けファッション誌ではどうか検討をおこなう。なお、本章では雑誌記事の季節による内容のばらつきをコントロールするために、1月号〜12月号をひとまとまりとして捉えた。そのため分析期間は２０１０年1月号から２０１３年12月号である。

言葉の使われかたについては、テキストマイニング用ツールのフリー・ソフトウェアKH Coder（バージョン：3.Alpha.16）を使用し、視覚的に語の共起関係を表現する共起ネットワーク分析をおこなった。雑誌の目次に表記されているものを記事の見出し語とし、目次のない場合にはほかの雑誌と同等になるように記事から見出し語を作成した。ただし直接的な内容を指していない記述（ショップリストやアンケートなど）は分析対象外とする。また分析の特性上、同じタイトルが使われる連載記事は同じ語の出現パターンを複数回計測してしまうため、分析期間中に最初に登場する一つを除いて分析から外し、サブタイトルがついている場合はそれのみをデータの中に含めた。表記のゆれに関しては、英単語はカタカナ語に変換する、同義語は一つの語に統一する、略語などは適宜意味を補う、という調整をおこなった。また『I LOVE mama』や『VERY』はその雑誌名が意味をもつ語によって構成されているため、これらが見出し語に使われていると、誤ったパターン認識がされる可能性が考えられる。そのため各誌のタイトルは全て「雑誌名」に変換し、意味をもつ語として計測されないようにした。加えてモデルの氏名は雑誌の意味内容という点で関係がないので、共起ネットワークに含まれないように処理している。抽出された語数については表４‐１に示した。

雑誌の内容の構成については、対象期間のすべてのページに対応する目次を作成した上で記事を内

表4-1　テキストマイニングの分析対象語数一覧

分析対象語	VERY	LEE	nina's	I LOVE mama	合計
総抽出語数	25,026	22,642	5,595	23,746	77,009
（使用語数）	11,969	11,059	2,637	11,289	36,954
異なり語数	4,360	3,854	1,483	3,542	13,239
（使用語数）	3,887	3,432	1,255	3,084	11,658

注：「使用語数」は「総抽出語数」「異なり語数」から助詞・助動詞などを除外したものである。
出所：筆者作成。

容ごとに分類し、分類カテゴリごとのページ数を算出して内容構成を比率の点から分析した。分類は井上＋女性雑誌研究会（1989）の分類カテゴリを中心に用いた。なお、一つの記事の中で複数の内容が扱われている場合は0・5ページ単位で分割している。記事分類の客観性について、ランダムに選んだそれぞれ一冊について匿名の協力者にも分類してもらい、分類の一致性を検定するκ値を算出した。その結果、いずれの雑誌もκ値は実質的に一致していることを示す0・6を超えていた（VERY＝0・76、LEE＝0・88、nina's＝0・63、I LOVE mama＝0・70）。さらに分類が一致しなかったものについては、なぜずれが生じたのかについて話し合い、分類上のルールを設定した。

家事・育児の価値観は、家事や育児に関する記事に絞って、既存研究によって指摘されてきた①合理性、②勤勉さ、③節約、④学業への関与について、それぞれの雑誌で取り上げられているトピックの中から、これらの要素に関連するものを抽出して整理しながら内容について分析を加えた。

まずKH Coderを用いた共起ネットワーク分析をおこなう。次に内容の構成について比率の特徴から分析する。最後に家事や育児に関する記事の内容を読み解いて分析する。分析では、KH Coder によって析出された語は「　」で、それらを解釈した内容については【　】で表記する。内容構成を示すとき、記事の分類名は〔　〕で表記する。記事のタイトルを引用する際には〈　〉を用いて表記した。なお見出し語中の／は改行を意味している。

1　雑誌の見出し語からみた母親像

図４‐１から図４‐４は KH Coder を用いて描いた各誌の見出し語の共起ネットワークである。出現数による語の取捨選択は最小出現数５、描画する共起関係エッジの選択は上位50とした。なお、これらの図において、付置された場所やサブグラフの順序に意味はなく、リンクの有無に意味があることに留意が必要である。

図４‐１の『VERY』の共起ネットワークで、まずサブグラフ３の語群に注目すると、「オシャレ」に「人」「見える」「服」といった語が結びついていることがわかる。さらにこれは緩やかにではあるがサブグラフ２の「ママ」とも結びついている。このことからサブグラフ３は、特に服によって人から【おしゃれに見える〈ママ〉】という意味内容を構成する一群であると考えられる。またサブグラフ３は別の三つのサブグラフとも緩やかに結びついている。したがって、これは雑誌全体の世界観の中心にあるものと考えられる。一方でサブグラフ１はもっとも多くの語によって析出されているが、こ

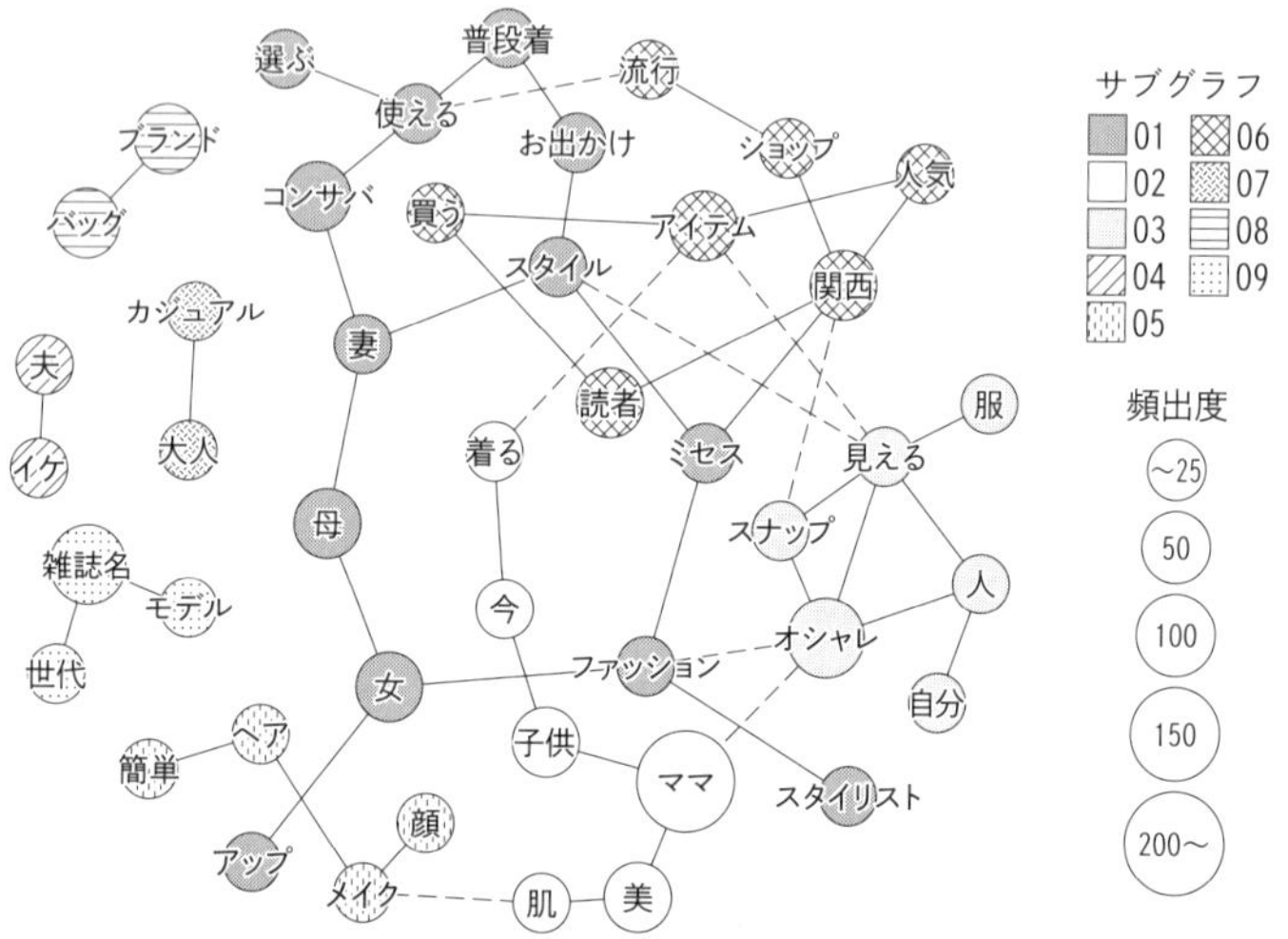

図４－１　見出し語の共起ネットワーク：『VERY』

出所：筆者作成。図４－４まで同。

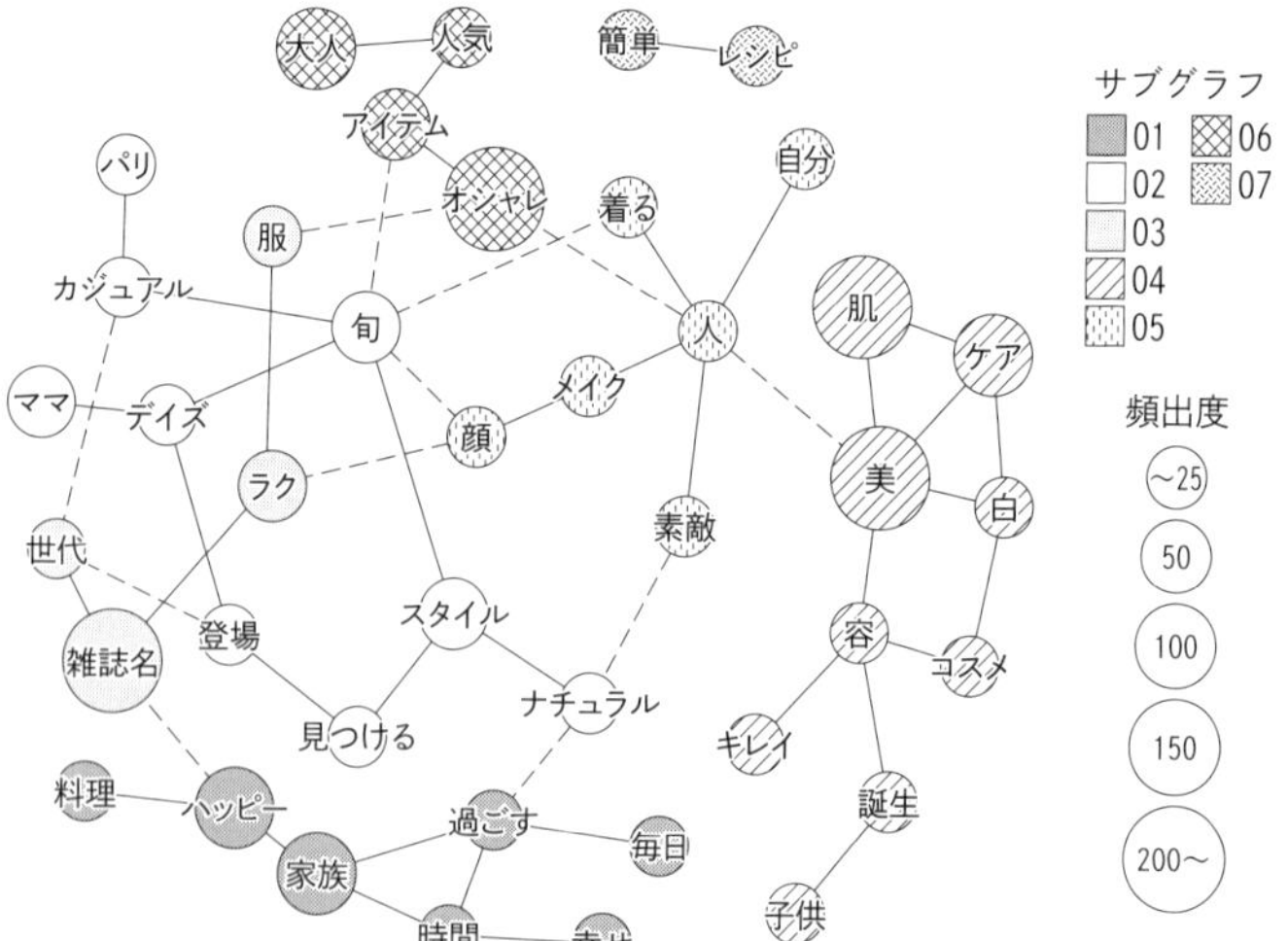

図４－２　見出し語の共起ネットワーク：『LEE』

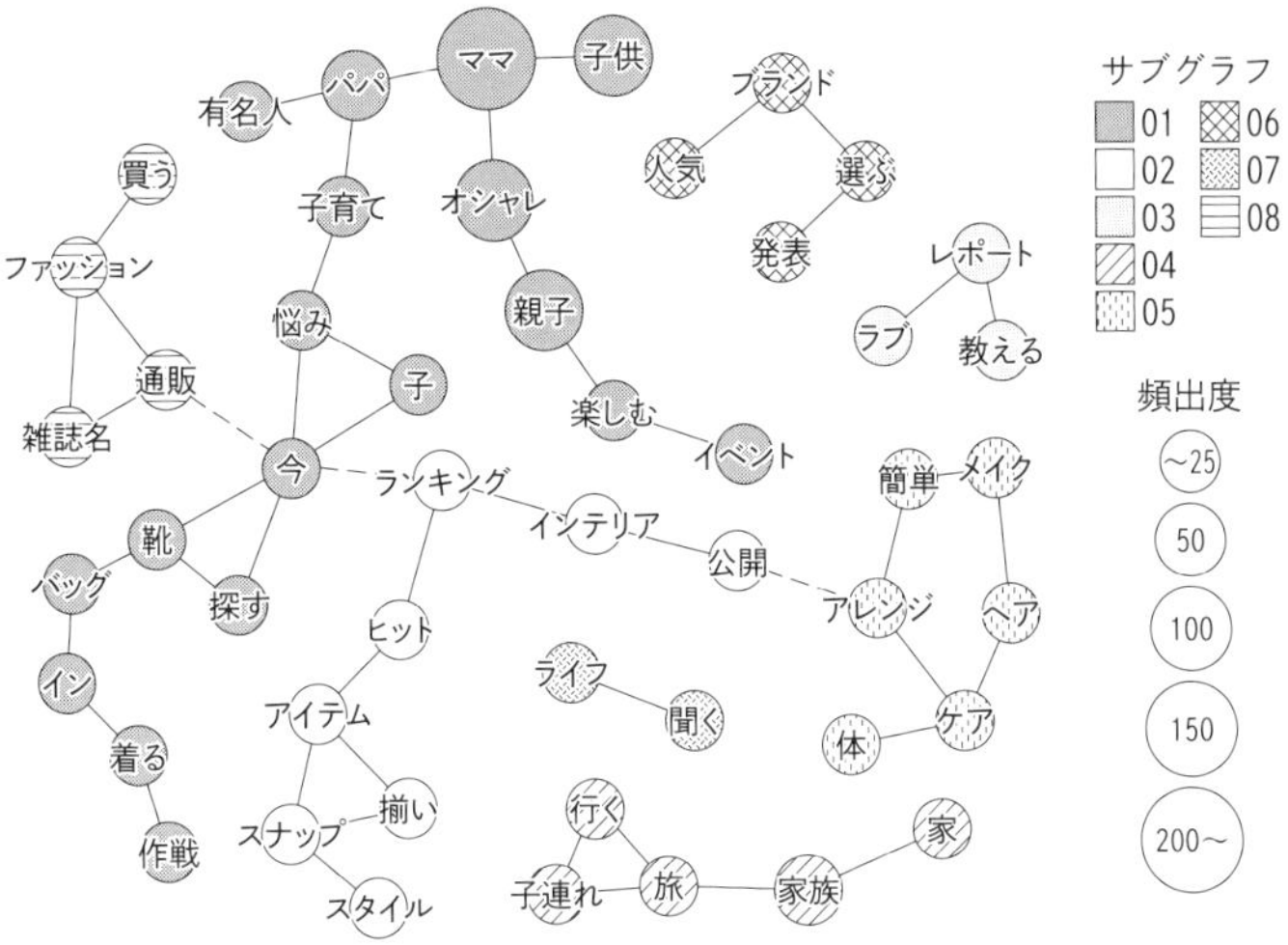

図４－３　見出し語の共起ネットワーク：『nina's』

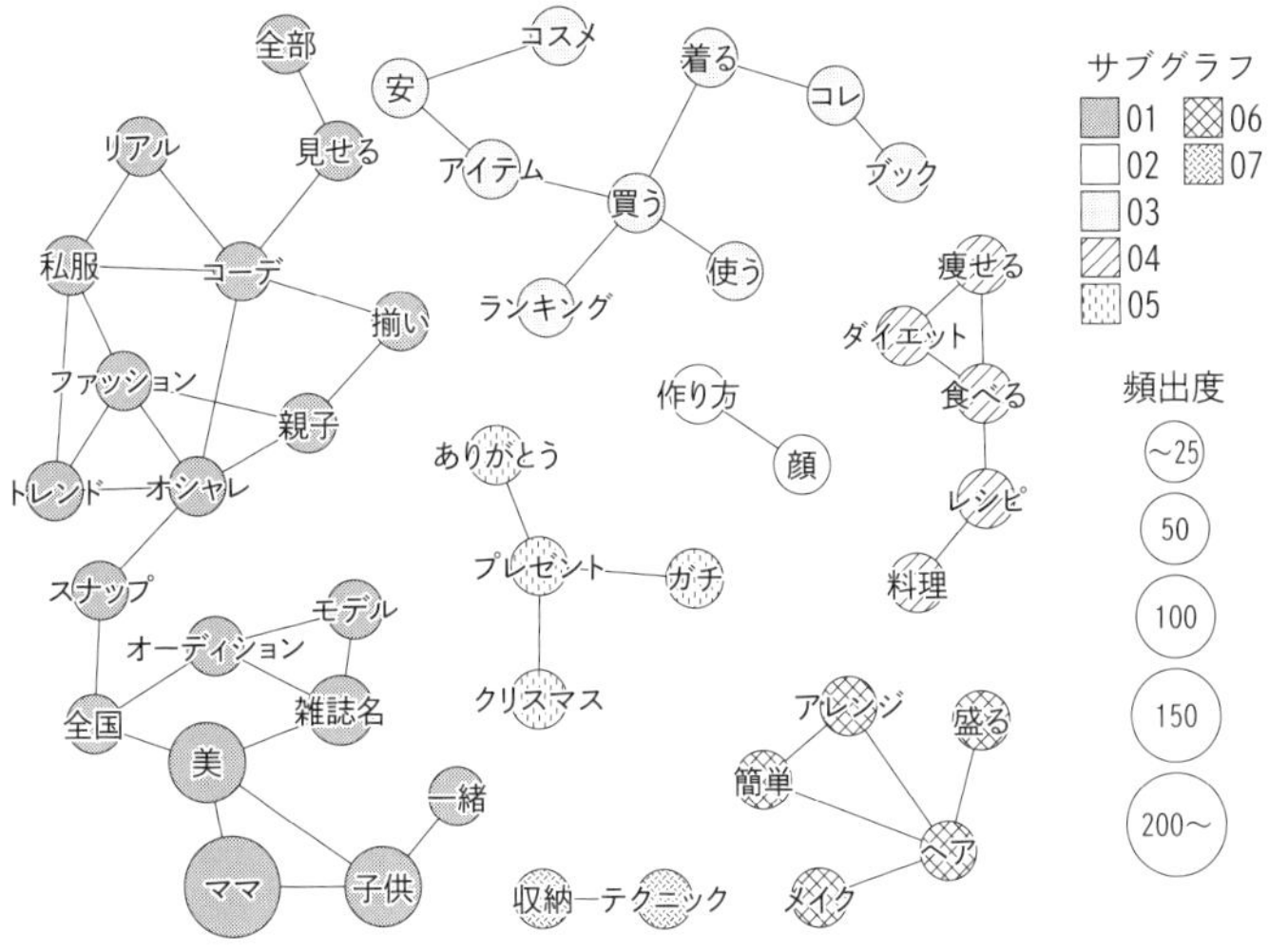

図４－４　見出し語の共起ネットワーク：『I LOVE mama』

れらの語の中には「妻」「母」「女」「ミセス」という語が出現している。こうした特徴から、『VERY』の中で女性のもつ役割を分化した語が用いられていることがわかる。さらにサブグラフ4は「夫」と「イケ」[*1]の結びつきである。これから【夫が魅力的でかっこいいこと】もまた雑誌の中で礼賛されていることがうかがえる。

次に『LEE』について、図4-2のサブグラフ1をみると、「ハッピー」と「家族」を中心に「幸せ」「過ごす」「時間」「毎日」などの語が結ばれることがわかる。こうした語のつながりから【幸せな家族】という意味内容を構築するサブグラフであると考えられる。またサブグラフ3の「雑誌名」「世代」「ラク」「服」という語のつながり、サブグラフ2の「ナチュラル」「カジュアル」「スタイル」といった語のつながりに注目すると、この雑誌を読む「世代」にとって「ラク」な「服」や「ナチュラル」な「スタイル」がよく取り上げられていることがうかがえる。さらにサブグラフ2には「ママ」という語も含まれている。このことから『LEE』は【自然体でカジュアルなスタイルのママ】を描いていると考えられる。

図4-3の『nina's』の共起ネットワークでは、サブグラフ1が「ママ」「子供」「オシャレ」「親子」を中心としてもっとも多くの語が連なる群である。これには「パパ」という語も連なることから【父親を含んだおしゃれな親子】というイメージがつくりあげられていることが読みとれる。さらに同じサブグラフ1に含まれる「パパ」という語は「子育て」「悩み」という語とも関連があるため、【子育ての主体になる父親】も登場すると考えられる。

最後に図４－４の『I LOVE mama』の共起ネットワークのサブグラフ1から、「ママ」が「美」「子供」と結びついていることがわかる。さらに同じサブグラフ1の中で、「親子」「揃い」「コーデ」といった語のつながりもある。「ママ」と「美」との結びつきは、雑誌がモデルや読者のことをファッションにも美容にも気を抜かないという意味を込めて〝美ママ〟と称していることが反映されたものだと考えられるが、そのことをふまえても【おしゃれなママと子】を描いていると考えることができる。またサブグラフ1の「コーデ」「全部」「見せる」や「リアル」「私服」、サブグラフ2の「顔」「作り方」などの語の結びつきをみると、モデルのコーディネートやリアルな私服を全部見せたり、モデルのような顔の作り方を紹介したりするという方向性が見出せる。このことから【モデルの模倣を達成すること】が重視されていると考えられる。

雑誌の記事の見出し語をデータとして共起ネットワークを作成し、それぞれの雑誌が構築する意味内容について分析した結果、4誌を通じて、おしゃれを共通項とする母親や親子が描かれていることがわかった。しかし一方で、雑誌ごとの特徴もあり、『VERY』は【おしゃれに見えるママ】を、『LEE』は【自然体でカジュアルなスタイルのママ】を描いている。同様におしゃれに重きが置かれているが、『nina's』や『I LOVE mama』では子どもとのつながりが顕著であった。しかし、『nina's』は【父親を含んだおしゃれな親子】であることに対して、『I LOVE mama』は父親が不在の【おしゃれなママと子】という描かれかたであることが明らかになった。

2 内容構成からみる誌面の傾向

図4-5はページ数ベースで算出した内容の構成比率を示したものである。まず全体的な構成をみると〔おしゃれ〕と〔家事〕が二大テーマとなっていることがうかがえる。特に〔おしゃれ〕に関する記事の比率が高いのは『VERY』『LEE』であり、一方で〔家事〕に関する記事は『I LOVE mama』『nina's』『LEE』で比率が高いことがわかった。

全体的にみれば、〔家事〕は〔料理〕〔住居〕〔育児・教育〕の順で比率が高い。〔料理〕に焦点を当ててみると、それもさらにいくつかの内容に分類することができる。図4-5の料理の内訳からもわかるように、全体的に〔レシピ〕の比率がもっとも高いが、そのなかでも『I LOVE mama』『nina's』はその比率が高い。さらに『LEE』『nina's』『VERY』は〔食品・食材〕の比率も高い。『I LOVE mama』は〔お弁当〕の記事も多く、これはキャラクターを模したり可愛らしく飾りつけたりするキャラ弁やデコ弁を紹介するものが中心となる。

一方で〔住居〕について、『I LOVE mama』ではその比率は低くなるが、『VERY』『LEE』『nina's』は高い。これらの記事では、子ども部屋、とりわけ子どもの教育という点で良いとされる家づくりといった記事も多くあったことを指摘しておきたい。しかし一方で、こうした子どもの教育的側面を配慮した環境の整備という点は『I LOVE mama』にはみられなかった。

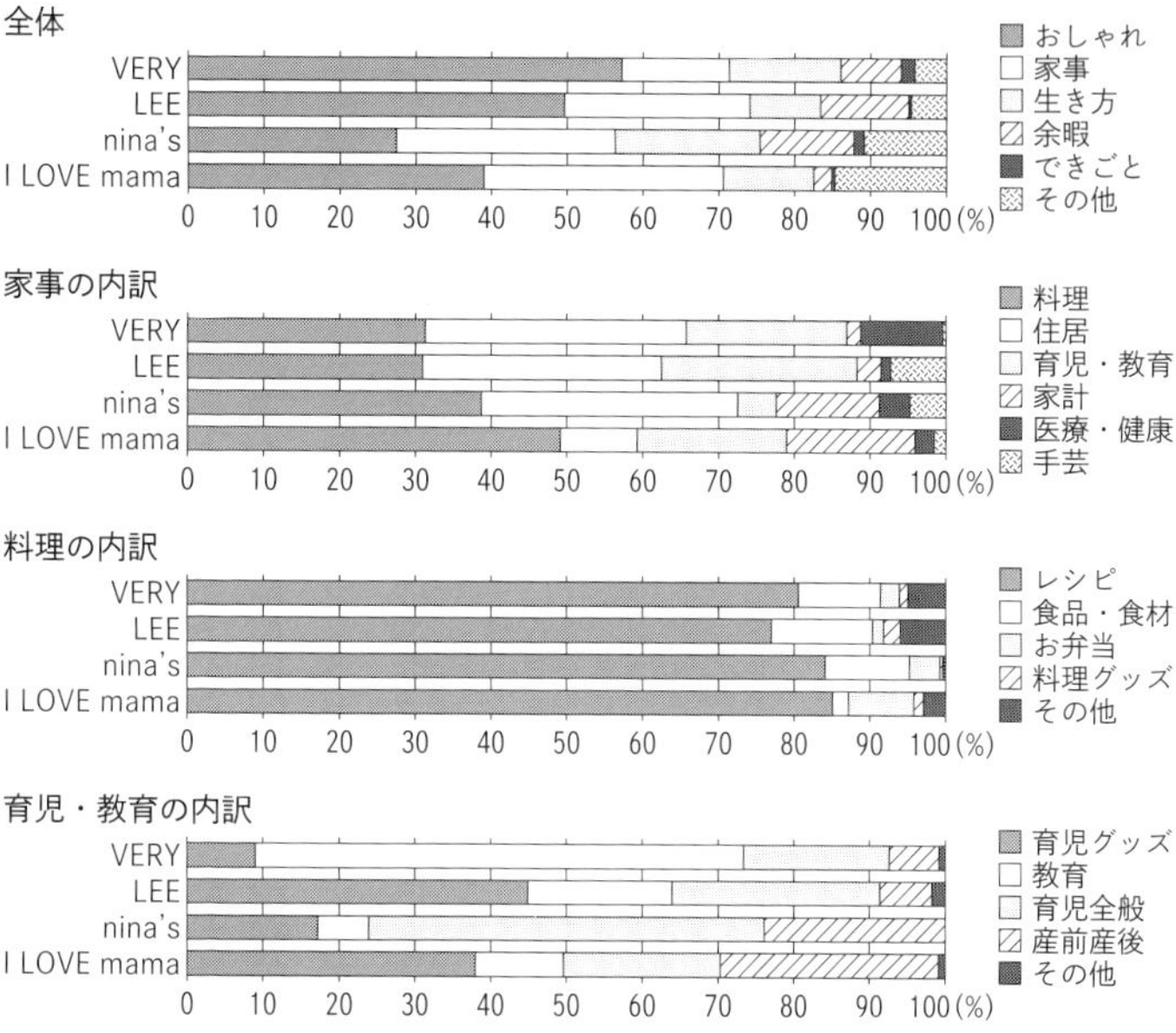

図４－５　記事内容の構成比率

注：全体、家事の内訳については井上＋女性雑誌研究会（1989）の分類を用いている。料理の内訳、育児・教育の内訳における分類項目は筆者が独自に設けたものである。
出所：筆者作成。

最後に〔育児・教育〕の内訳をみると、全体では〔育児グッズ〕〔教育〕〔育児全般〕がほぼ同程度の比率となる。雑誌ごとの傾向の違いとしては、まず『VERY』で〔教育〕が６割以上を占めていることが指摘できる。一方で、『LEE』『I LOVE mama』は〔育児グッズ〕が４割程度を占めもっとも高い比率となる。〔育児全般〕については『nina's』が５割ともっとも多いが、『VERY』『LEE』『I LOVE mama』でも２割程度を占めている。これらの記事では、ロールモデルとなりうる有名人の子育て論、読者の子育て論、子育てに関する悩みとそれに対する解決法の提示がなされている。

記事内容の構成比率から、4誌では〔おしゃれ〕と〔家事〕が大きなテーマとして掲げられ、〔家事〕についでは〔料理〕〔住居〕〔育児・教育〕が取り上げられていることがわかった。〔料理〕はレシピの紹介が共通して大部分を占めていることは共通しているが、一方で〔居住〕の教育的側面と〔育児・教育〕に関しては雑誌によって傾向に違いがあった。

3 言説からみる家事・育児

これまでの研究によって指摘されてきた家事の価値観ついて、それぞれに関連する内容を整理して分析する。合理性、勤勉さ、節約については〔家事〕の記事の中でも全誌を通じて多く扱われている〔料理〕に焦点を当てる。学業への関与については〔育児・教育〕の記事を中心にした。それぞれの項目について該当する記事の代表的な内容を表4－2にまとめた。

表4－2の通り、合理性についてはは4誌ともにみられた。これは家事をする自分自身のテクニックや創意工夫による合理化と製品やサービスを消費することによる合理化の二つにわけることができる。そして『I LOVE mama』は読者自らがする作業を合理化する方法の紹介が中心である一方で、『LEE』や『nina's』『VERY』は利便性のある家電製品の商品紹介も多く、『VERY』は宅配サービスに関する記事もあった。このように、自分自身の作業を工夫するか、あるいは製品やサービスを消費

表４－２　家事（料理）と育児をめぐる価値観からみた記事の代表的な内容

		VERY	LEE	nina's	I LOVE mama
合理性	自身のテクニックや創意工夫	時短テクニック 手抜き方法 —	時短テクニック 手抜き方法 ラクできるやりかた	時短テクニック — —	時短テクニック 手抜き方法 ラクできるやりかた
	製品やサービスの消費	家電の紹介 宅配サービスの紹介	家電の紹介 —	家電の紹介 —	— —
勤勉さ	家族のために	家族のリクエストに応える — — — —	家族のリクエストに応える ご馳走メニュー — — —	家族のリクエストに応える — 献立カレンダー 絵本スイーツ —	家族のリクエストに応える — 献立カレンダー なんちゃって料理 キャラ弁・デコ弁
	来客のために	おもてなし料理	おもてなし料理	おもてなし料理	パーティ料理
	愛情表現	— —	— —	— —	お金よりも愛があれば ズボラでも愛を込めれば
節約		— —	安い食材のレシピ —	— —	— 100円以下の節約レシピ
学業への関与	手作り	（手作り風グッズ）	—	手作りグッズ	手作りグッズ
	教育	家庭での学習指導法 子どものしつけ 小中学校受験の指南 留学の進め サマースクールの紹介 学校での問題の対処法 — —	— — — — — — 教育言説に対する是非 —	— — — — — — — 習い事	— 子どものしつけ — — — — — 習い事
	住環境の整備	子ども部屋の紹介 —	子ども部屋の紹介 ハウジング・インテリア	子ども部屋の紹介 ハウジング・インテリア	— —

出所：筆者作成。

するかという方法については違いがみられるものの、4誌を通じて合理的な家事が志向されていることが指摘できる。

勤勉さについては、来客時のおもてなしやパーティ向けの料理の紹介や、家族の個別なリクエストに対応できるレシピの紹介といった記事がある。とりわけ後者のような記事は、言い換えれば家族のリクエストに細やかに対応して喜ばせることが良いことだという主張であると読みとることができる。このように家族のために労力を惜しむべきではない、家族を喜ばせるべきであるという価値観は4誌を通じて見出される。さらに『nina's』と『I LOVE mama』には絵本やアニメに出てくるような料理が作れるレシピ（絵本スイーツ）や有名料理店やチェーン店のような料理、あるいは高価な食材を模した料理が作れるレシピ（なんちゃって料理）、あるいは先述したように可愛らしく飾りつけたお弁当（デコ弁・キャラ弁）が紹介されている。こうした記事からは作った料理によって家族、とりわけ子どもを喜ばせることはよいことだという考えが読みとれ、労力を惜しまないだけではなく家族の慰安的側面を充足させるべきだという価値観が提示されているといえる。ただし『nina's』は模倣に終始している一方で、『I LOVE mama』は安く有名店のような料理が食べられるというような節約の奨励とも紐づいているという違いがある。加えて、見出し語のレベルで愛情に言及しているのは『I LOVE mama』の特徴であった。もちろん、ほかの3誌の内容に家族に対する愛情（表現）がないというわけではない。しかしながら『I LOVE mama』は、2011年10月号の〈頭使って愛を込めて手間はかけないの／ズボラ主婦でごめんなさい〉や2012年1月号〈お金じゃなくて愛があれば最高のクリスマスに／ママサンタのおいしいレストラン〉のように、見出し語レベルでも愛情について触れており、愛情が込められていれば家事の合理化は正当化されること、あるいはお金をかけなくても愛情が込められていればよいのだという主張がなされていることが指摘できる。こうした主張からは、家事の合理化や節約は本来否定されるべきものであるが、愛情があればそれは許容されるのだという論理が読みとれる。つまり家事には愛情を込めるべきだというメッセージが読者に提示されていると考えられる。

節約に関しては『LEE』と『I LOVE mama』にみられた。ただし『LEE』は安く買える食材を使ったレシピの紹介に留まる一方で、『I LOVE mama』は１００円以下で作れる料理や光熱費まで含めて節約できる方法が紹介されていた。この『I LOVE mama』の特徴は読者層と関連づけられるが、単に倹約することだけを目標としているのではなく、倹約のために創意工夫を凝らすという勤勉さが同時に推奨されているのである。それが前段でも指摘したなんちゃって料理である。たとえば、『I LOVE mama』の２０１１年12月号〈盛れて！サギれる！神メニューが帰ってキタ!!／なんちゃってレシピBOOK（pp. 49-64)〉では、ちくわを開いて海苔を貼り甘辛く味付けしてうなぎの蒲焼を作る方法、出汁で戻した高野豆腐を揚げて卵でとじてカツ丼を作る方法、あるいは、ファミリーレストランやファストフード店の料理を再現できるレシピが紹介されている。このように『I LOVE mama』は、節約をしながらも、高価な食材の味、あるいはお店の味を家族に楽しませるために作り手である読者自身が創意工夫を重ねることを奨励しているのである。『I LOVE mama』は〔料理〕

以外の記事でも節約にまつわる情報が多いという特徴がみられたが、その目標には結婚式の挙式やマイホームの購入が挙げられている。

次に〔育児・教育〕に関する記事から、学業への関与について確認したい。すると、〔教育〕に関する記事の比率が圧倒的に高かった『VERY』は子どもの学業への関与という点でも特徴的であった。内容としても読者自らが子どもに教えるという点に加えて、習い事、幼稚園や小中学校の受験、留学といった子どもの学歴やキャリアなど、多岐にわたるトピックが紹介されている。このことから『VERY』には子どもが幼いうちから教育に力を入れるべきだという規範が投影されていると考えられる。さらには内容構成分析でもふれたように、『VERY』『LEE』『nina's』では子どもの成績や学力を向上させるための環境整備という点で家づくりやインテリアに関する情報も多く取り上げられていた。

さらに興味深いのは、上履き袋や給食袋、サブバッグといった子どもの入園・入学グッズに関する内容である。『VERY』２０１２年４月号〈まだ間に合う〝手作り風〟通園&通学グッズ、駆け込みＳＨＯＰガイド（pp. 252-253）〉、『nina's』２０１３年３月号〈ちょっとの工夫で簡単かわいく／入園・入学☆ハンドメイド見本帖（pp. 107-113）〉、『I LOVE mama』２０１２年４月号〈ちびコの入園は一大イベント!本番で失敗しないための先輩ママによるアドバイス集♪／美ママの園デビューＱ&Ａ（pp. 65-69）〉という子どもの入園・入学準備に焦点を当てた記事を比較すると、『nina's』と『I LOVE mama』は手作りするための情報、すなわち作りかたの紹介、あるいは読者の自作した作品の紹介をしているのに対して、『VERY』では手作り風に見える商品が買えるお店の紹介がなされている。つまり3誌を通じて、子どもの持ち物は母親が自ら作った方が良いという手作り規範が根底で共通している一方で、その手段には違いがある。手作りするという勤勉さが奨励されている『nina's』『I LOVE mama』に対して『VERY』では消費による合理化が奨励されていると考えられる。先述した料理に関する勤勉さの特徴をふまえると、『nina's』『I LOVE mama』の2誌では労力を惜しまずに子どものために自作するクリエイティビティやその勤勉さが礼賛されていることが示唆される。

以上の分析から、まず、家事の合理化という4誌共通の目標がある一方で、節約を重視する『LEE』『I LOVE mama』、勤勉さを重視する『nina's』『I LOVE mama』という傾向の違いがあることもわかった。さらに、節約と勤勉さの両方を重視する『I LOVE mama』には、家事の合理化や節約に対して家族への愛があることが重要なのだと説いているという特徴があった。学業への関与については、特に『VERY』において顕著で、その誌面からは子どもが小さいうちから教育に力を入れるべきだという規範が読みとれる。また『VERY』『LEE』『nina's』には子どもの教育のために住環境を整えるべきだという意識が見出され、子どもの学業達成に貢献することを理想化する側面が見出せる。一方で『I LOVE mama』の誌面からはそうした規範意識は読みとれなかった。

4　共通するおしゃれな母親像と異なる家事・育児

本章では、ファッション志向の高い母親のなかでもギャルママはなにが異なるのかを明らかにするために、雑誌を通じてつくられる価値規範、とりわけ家事や育児に関する価値観はファッション系統による違いがあるのかを比較検討した。

その結果、まず、分析対象の4誌はおしゃれを共通項とする母親や親子を描いていることがわかった。記事の構成からも、4誌がおしゃれと家事をテーマとしていることが指摘できる。全体的な内容の構成比としては大きな違いはみられなかったが、育児や教育に関しては雑誌によって偏りがあった。家事や育児に関する価値観については、家事の合理化が4誌に共通することがわかった。その一方で、節約と勤勉さには雑誌による傾向の違いがあり、どちらも重視しない『VERY』、節約を重視する『LEE』、勤勉さを重視する『nina's』、どちらも重視する『I LOVE mama』という位置づけとなることが明らかになった。そしてどちらも重視する『I LOVE mama』では、家事や育児が愛情表現であるという主張が見出しレベルでもされているという特徴があった。また学業への関与という点では『VERY』『LEE』『nina's』に子どもの学業達成に貢献するべきだという意識が見出され、特に『VERY』には子どもが小さいうちから教育に力を入れるべきだという規範が顕在化していた。一方で『I LOVE mama』には子どもの学業に関与するべきだという価値観が見出されなかった。この点が『I LOVE mama』の特徴として指摘できるとともに、節約と勤勉さ、子どもの学業への関与に関する志向性の違いから『VERY』と『I LOVE mama』は対極的であることがわかった。

このことから、雑誌の多様化、とりわけファッション系統による細分化が進んでいるといいながらも、母親を読者とするファッション誌の中では、おしゃれな自分を維持しつつも家事・育児の担い手であることを共通のイメージとして掲げられていることが明らかになった。雑誌が多様化、細分化されているということは、当然ながら誌面の内容やその言説から見出される価値観には違いが生じるだろうと想定される。しかしながら、本書の対象誌には一定の共通性があった。それは、おしゃれな母親（親子）像の表象と家事・育児に関する情報量の多さ、そして家事の合理化を志向する価値観である。特に家事の合理化という志向性は、合理的に家事をすることでいかに時間を作り出すかということが育児期の母親に共通する課題であることを示唆しているが、単なる時間の捻出だけではなく、働くことと家事・育児の両立という観点でも家事の合理化は重要視されているのではないかと考えられる。雑誌によって多少のばらつきはあるが対象誌の読者の4～6割程度が仕事をもっており、編集側もそうした働く読者を想定した誌面作りをしている。[*2] つまり、節約や勤勉さをどのように位置づけているかということは雑誌ごと異なっているが、石川の指摘した家事も育児も仕事も、そして自分の外見もという「パーフェクト・マザー像」（石川 2013：33）は、ギャルママ誌だけではなく、母親を読者とするファッション誌では同様に礼賛される理想像となっているのだと考えられる。

一方で、子どもの学業への関与に対する価値観はギャルママ誌とそれ以外では異なる部分があり、

『I LOVE mama』の子どもの学業へ関与するべきだという価値観が見出されなかったという特徴はヤンキー的な価値観と関連づけられることも指摘できる。子どもの学業へ関与するべきだという価値観でも『VERY』『LEE』『nina's』の3誌は共通しているのに対して、『I LOVE mama』にはそうした価値観は見出されなかった。こうした『I LOVE mama』の特徴は、ヤンキーやギャルに関する既存研究が指摘したように（難波 2007）、ギャル文化が学校文化との親和性が低いサブカルチャーであったことや学歴をさほど重視しない価値観が共有されていることと関連しているのではないかと考えられる。さらに勤勉な家事をすること、愛情を込めて家事をすることを奨励する『I LOVE mama』の特徴も、性別役割意識が強く、家庭的であることを重要視するという既存研究の指摘とは矛盾しない特徴として解釈することができるだろう。つまりヤンキーやギャルの価値観として指摘されてきたことが『I LOVE mama』のなかにも反映されており、その特徴的な価値観は非中流的なものであると考えられる。

注記

＊1　「イケメン」などにも使われる「イケている」の意を指す。

＊2　たとえば『VERY』編集長の今尾朝子は、仕事をもつ読者の存在を２００８-２００９年の媒体資料でも想定しており、読者の有職率が上昇していることをうけて働く読者を意識した誌面作りをしていることについて２０１１-２０１２年の媒体資料で言及している。

Chapter 05

ギャルママの子育てはなぜ「違う」のか

――「非教育ママ」の尽くす子育て

はじめに

第4章では、雑誌を使ってギャルママの家事や意識に対する意識がファッション志向の高い母親という枠組みのなかでは特徴的なものであり、非中流的なものであることを明らかにした。そうした雑誌から見出された特徴に対して、当事者たちの子育てはどのようなものなのだろうか。本章ではギャルママの子育て意識と実践について検討する。第1節では、子どもの将来に対してどのような期待を抱いているのか、第2節では、子育てをするなかで重視していることは何かをみていく。

○分析方法

子育てに対する意識について、とりわけ子育ての方針や子どもの将来への期待は母親の学歴によって大きく異なると指摘されている。すなわち、高学歴の母親は公的な場でのマナーなどを重視し、子どもに多様な経験をさせ可能性を伸ばし、主体性や専門性を身につけさせたいと考えている一方で、低学歴の母親は対人関係の維持や思いやりをもつことを重視し、子どもには普通の大人として人並みに自活することを期待している（本田 2008）。こうしたこれまでの研究の指摘をふまえて子育てに対する考えに違いが顕在化すると推察される①子どもの将来に対する期待、②子育てで重視すること、の二点についてそれぞれ分析する。

1　子どもの将来に期待すること

調査協力者の子どもの将来に対する期待を、全体的な将来像と教育達成の二つの点で表5－1にまとめた。

(1) 子どもの将来への期待

全体の特徴として、調査協力者はやりがいをみつけることを子どもの将来に期待している。やりがいの追求を重視する背景は、主に①自分もそうしてきたから子どもにもそうしてほしい、もしくは②自分はそうできなかったから子どもにはそうしてほしい、という調査協力者の過去の経験からくる考えがある。①の前者は子ども時代に早期の離家や就職を希望し実行してきたという共通点があり、そうした自らの人生選択に不満や後悔がない。幼い頃から洋服屋で働くことを希望していたFの語りを引用する。

F：私は高校中退してるんですけど、勉強できない。別に好きじゃなかったし、学力も全然ないんですけど、それで後悔はしてなくて。（中略）親には「高校だけは出とき」って言われてたから行ってたんですけど、でもやっぱなんか違うなって思ってたし。学校行く意味あんのかなとかも考えてたりしてて。それこそいい大学に行って医者目指してるとか、そういうの考

表5-1　子どもの将来への期待

	将来への期待	教育達成への期待	（具体的な希望）	学校や勉強に対する印象	養育経験	早期の離家・就職の希望
A	やりがいをみつけてほしい	人並みを期待	高校		抑圧・反抗	
B	やりがいをみつけてほしい	本人の意思を尊重	ない			
C	雇う側の人間になってほしい	人並みを期待	高校	楽しくなかった	抑圧・反抗	
D	やりがいをみつけてほしい	人並みを期待	大学	なにも考えてなかった	放任・自由	あり
E	普通に生活してくれたらいい	人並みを期待	高望みせず普通で		放任・自由	あり
F	やりがいをみつけてほしい	本人の意思を尊重	本人に任せる	学校に行く意味がわからなかった	放任・自由	あり
G	やりがいをみつけてほしい	本人の意思を尊重	ない	学歴の意味がわからない	抑圧・反抗	あり
H	やりがいをみつけてほしい	本人の意思を尊重	本人に任せる	理系に進んだが結局逃げた	放任・自由	あり
I	やりがいをみつけてほしい	本人の意思を尊重	本人に任せる	勉強する意味がわからなかった	放任・自由	あり
J	雇う側の人間になってほしい	人並みを期待	高校、男の子は大学		放任・自由	あり
K	やりがいをみつけてほしい	人並みを期待	高校、男の子は大学	嫌いすぎて全然聞いてなかった	放任・自由	あり

出所：筆者作成。

えてたら、学校行かないととか思ってたかもしれないけど、服屋さんで働くのに学校？　学力？　とか考えたりとかしてて。だから学校もあんまり行かなかったし。楽しくもなかったんで。それに働きたいのもあったんで。で「働いてもいい？」って親に言って。

このようにFは自分の「やりたいこと」のために選択したライフコースについて満足している。そのため子どもにも自分と同じようにやりたいことを実現してほしいと考えている。一方で、もしも医者を目指しているのであれば、学校に行かなければならないと考えただろうという語りから、彼女にとって学校に行くことは「やりたいこと」に必要か否かによって決めるものであることが示唆される。そのため自身の子どもに対しても、それぞれの「やりたいこと」に必要な範囲で進学すればよいとFは考えている。

一方で後者は、「やりたいこと」がみつけられず、積極的にものごとに取り組めなかった自身の子ども時代に後悔が残っているため、子どもには「やりたいこと」をみつけてほしいと考えている。自身の高校生時代についてふりかえるIの語りを引用する。

I：（自分の将来については）なんもなくて、とりあえず今楽しいからいいって感じだった。高校卒業したらどうするかとか決めるじゃないですか。そのとき、全然やりたいこともなくて。（中略）一人暮らしがしたい、自立というか家を出たい。そんな感じできてたんで、好きなことができる環境は作ってあげたいなって。子どもには。自分がそうだったから。

このように背景は異なるものの調査協力者は「やりたいこと」の実現がよいことだという価値観を共有していることがわかる。そして、子どものそれぞれの個性や特性、「やりたいこと」に合わせた将来を展望し、子どもの「やりたいこと」が最短ルートで実現できるように助言やサポートをしている。しかし一方で、子どもを「やりたいこと」へ最短で到達させようとするため、回り道的な学校教育に対しては否定的である。言い換えれば、調査協力者にとって教育は実用的であるべきものだと捉えられていることがうかがえる。

やりがいをみつけることのほかに、男らしさとして起業をしてほしいという期待もある。ＣやＪは男の子には雇われる側ではなく雇う側になってほしいと考えている。特に男女両方の子どもをもつＪは、女の子に対しては「したいことしたらいい」という一方で、男の子は「スポーツ選手にしかしたくない」と語り、それが難しければ「雇われる側じゃなくて雇う側」になってほしいと語っている。Ｃも特に希望はないが、強いてあげるなら「人に雇われて少ない給料で満足してるような男にはなってほしくない」と語っている。この背景には雇われのサラリーマンは給料上昇が望めないことや子どもも世代は年金も十分にもらえないだろうという調査協力者の認識があり、男性としてより多くの財を得るためには雇う側になる必要があると考えているのである。このように子どもの性別によって期待が異なるということは次項の教育達成についても指摘できることである。

(2) 教育達成への期待

全体の共通点としては、自分自身に学歴がないため進学については子どものロールモデルになれないと考えていること、勉強や学歴は必ずしも必要ではないと考えていることが指摘できる。こうした調査協力者の意識を子ども時代の経験から探ってみると、全体的に学校文化や学校教育をあまり肯定的に捉えていなかったことがうかがえる。なぜ勉強が嫌いなのかに言及するIの語りを引用する。

I：なんで勉強が嫌いかって、わからないから。わかんないから、やっててもつまんないし。なんで勉強するのかがわからない。その意味がわからない。なんで勉強しなきゃいけないの？っていうのもあったし。わかんないけど聞ける環境がなかった。内気だったんで、何かわかんないことがあっても先生にも聞けなかったし、家帰ってきても、(親は) どっちも働いてたし、姉に聞くっていうのもなかったし。わかんないままずっときちゃったんで。特に算数なんかすっごい苦手でした。あれって基礎がわかってないと。5、6年生の時なんか地獄でしたもん。

このようにIは小学校の早い段階で勉強についていけなくなり、親や教師にサポートを求めることもできず、勉強の内容や勉強の仕方がわからないまま過ごしていた。あるいはKは親から「女の子は勉強しなくていい」と言われて育ったと語っている。このように子ども時代の環境や親の価値観、親子関係に左右されながら、調査協力者は学校文化に対して否定的な態度をとるようになり、それは子育ての場面でも継続されていくことになる。

こうした全体的な特徴の一方で、表5－1の通り、教育達成に対する志向性は①本人の意思を尊重する、②人並みを期待する、の二つにわけられる。前者の調査協力者は教育達成の具体的な希望はない、もしくは本人に任せるとしている。その背景には「勉強はできても仕事ができない人がいる」という自身の経験的な感覚があり、調査協力者は今後の社会では思考力やコミュニケーション能力など、教育をうけることで身に付けられる知識よりも重要な能力があると考えている。そのため、学校のレベルや進学の程度よりも、そこでなにを学び、どのようなスキルを獲得するのか、その経験が後の人生にどれくらい活かせるのかが問題であると考えているのである。学歴に対するGの語りを引用する。

G：私なんて学歴ないですけど、バイトしたりとか、同じ打ち合わせしたりとかしても、地頭が良い人とそうじゃない人っていうのがあると思うんですよ。地頭が良い人って学歴がなくても、たぶん、これからの世の中って食べていけると思うんですね。何かしら自分で見つけられる力があれば。ただ勉強しかできないと一人工[*1]なんですよ、ずっと。そうではあって欲しくないなって思ってます。

一方で人並みを期待する調査協力者は、高校や大学へ進学することが「普通」であるという話を聞くので、特に男児の場合は、人並みに進学しておく必要があるのではないかと考えている。このような調査協力者の考えや先述のように夫婦間の役割分業に肯定的であるという全体的な特徴から、調査協力者はジェンダーに対して保守的な意識をもっていることが示唆される。しかしながら、男児にとっては人並みに進学しておくほうが無難であると考えてはいるものの、昨今の社会情勢もふまえつつ、学歴にそこまでの価値を見出しているわけではない。子どもの将来に対するCの語りを引用する。

C：自分が学歴ないし。大企業に勤めて欲しいとかそんなんもないし。学歴ってそんなに要らんかなって正直思ってるんですよね。だって、今って東大とか良いとこいってってもそんな就職先なかったりとか、そんなんも聞くし。別に学歴じゃないかなってすごい思ってるんで。高校ぐらいは出た方が良いやろなって、(子どもは) 男やし。

2　子育てで重視すること

調査協力者が子育てをする上で特に重視していることを表5－2にまとめた。これからわかるように、調査協力者が重視していることは大きく三つある。

(1) 興味関心の充足と最大化

調査協力者は「やりたいこと」をみつけて追求することがよいことだと考えているため、子どもの

「やりたいこと」をやらせてあげることや「やりたいこと」をみつけられるように子どもの興味関心を最大化することを重視している。そのように子どもの「やりたいこと」を可能な限り体験させたり、豊富な体験を提供したりすることが親の重要な役割であると調査協力者は考えている。金銭的な負担を厭わずに子どもの関心のあることを体験させたいというIの語りを引用する。

表５-２　子育てする上で特に重視していること

	興味関心の充足と最大化	自主性や自立心、責任感の養成	円滑で良好な人間関係の構築	その他
A	やりたいことはやらせる	自主性	いろんな人との関わりを増やす	
B		責任感、自立		
C		リーダーシップ	スキンシップ	
D				それぞれの状況に合わせて対応する
E				健康で元気に
F	やりたいことはやらせる	自主性、ペースを尊重する	自分が嫌なことは人にしない	子どもだけで遊ばせない
G	得意なことを伸ばす	大人の都合を優先しない	挨拶や感謝、謝罪ができる	
H	やりたいことはやらせる	自立心、ペースを尊重する		
I	やりたいことはやらせる	自主性、ペースを尊重する	コミュニケーション	
J			コミュニケーション	
K				大切にしていることは特にない

出所：筆者作成。

I：（子どもはスポーツを）見るのがすごく好きで、いろんな知識があるんですよ。こっちがびっくりするくらい。やっぱ好きなことってこんだけ夢中になれるんだって、親として子どもすごいなって思いますし、そういうのを究めてほしいなって思うので。いろんな仕事があるから、勉強だけに固執することないなって。だからスポーツ観戦いろいろ連れていってあげようと思って。サッカーもそうですし。ラグビーも、父親となんですけど、一緒に。（チケット代が）高くてもいったほうがいいって行くんですけど。

(2) 自主性や自立心、責任感の養成

さらに子どもが主体的に行動する人になるように、調査協力者は自主性や自立心、責任感を身につけさせたいと考えている。そのとき、強制的なしつけをするというよりも、どのようにコミュニケーションをとれば子どもの自主的な行動を促せるかを考えて行動していることがうかがえる。たとえばFは子どものお手伝いについて、時間がなくて急いで済ませたいと思っているときでも子どもから手伝いを「『やりたい』って言われたら、『ありがとう、助かるわ』とか言って」やらせてあげると話している。そこで子どものやりたい気持ちを我慢させてしまうと、子どもが自分からやろうとしなくなってしまうのではないかとFは考えているからである。そのため「『早く早く』とか急がさずに」時間がかかってもやらせてあげた方が良いと考えていると話している。こうした子どもの意思やペースを尊重したいという考えの背景には、将来への期待と同様に、自身の被養育経験がある。両親から抑圧的に養育された自分自身の経験を辛いものだったと考えているAは、自分の両親を反面教師にして、押さえつけるような子育てはしたくないと考えている。

A：「やりなさい」っていう言葉がすごい嫌いなんですよ。「やりなさい」って言われたりとか怒られて育ってきたので。昭和の頑固親父みたいなお父さんだったんで、「何々しなさい」っていう言葉がすごく辛かった思いがあって。自分の子どもには強制したくないなって。「宿題しなさい」とか言わないですし。

――でもそれで宿題しなかったらどうするの？

A：「一緒にやろっか」って。横で一緒に読んで。大変なんですけど。時間もかかりますし。「一緒にやろっか」っていったら喜んでやってくれたりするんで。けっこう考えながら。「どうやったらやってくれるかな」とか、「どうやったら子どもが自分からやるようになるかなとか。干渉しすぎるのは良くないと思ってるので、「すごいやん」とか言って。

一方で、自分自身は子ども時代に親からなにかを強制されたような経験がない調査協力者は、自分の意思を尊重してもらい、自分のやりたいことやりたいようにさせてもらえたことを良かったと考えている。そのため、自分も子どもに同じようにしてあげたいと考えている。「しなさい」と子どもには言いたくないというHの語りを紹介する。

H：「じゃあ、こっからここ自由（時間）ね」って。なにしても自由で、文句も言わない。干渉しない。「その代わり、その後、みんなでなんか（宿題や自主勉）しようね」とか。うちはそれで。（そういうことを続けていたら）それも言わずに自分たちでできるようになって。無理矢理「しなさい」は絶対言いたくなくて。「しなさい」ほど嫌なものはない。

――それは自分が「しなさい」って言われてきたから嫌だと思うの？

H：いや、それは逆に言われてなかった。自由にやらせてもらったからかな。逆に。

(3) 円滑で良好な関係性の構築とその促進

加えて調査協力者は子どもとの密な関係性を維持しつつ、友人関係などでも円滑で良好な人間関係を築いていけるように促している。まず、調査協力者は家族間の関係性を密なものにしていくため、コミュニケーションやスキンシップをしっかりとることや日常的な愛情表現を重視している。たとえばIやJは子どもとその日一日のできごとについて報告し合う時間を意識的に設けている。夕食の時間を大切にしているJの語りを引用する。

J：ご飯は絶対みんなで食べる。絶対にみんなが一緒の時間を作るようにしてる。その時にあったこと、思ったことを、それぞれなんかしてるときに「あのさ」って言っても話って途切れるから。ご飯の時やったらみんなが集中していてる時やから、うちはご飯のときにいろいろ喋る。ご飯の時間は大切にしてる。

このように調査協力者は日頃から子どもの話を聞いたり、その声色や顔色から様子を把握したりするように努めている。さらに、こうした家族内の関係性を良好に保つことを意識しているのに加えて、子どもと家族外の人との人間関係についても気にかけていることがうかがえる。子どもによく言い聞かせていることに関するＦの語りを引用する。

Ｆ：対人関係とかが大事じゃないですか、人付き合いとか。友達との付き合いとかもいろいろあると思うから。前もって決まりごと書いて、読めるように貼ってるんですけど。一つ言ったら、基本的なことですけど、自分が言われて嫌なこととか、されて嫌なことは絶対しないっていうの。

このようにＦはよい人間関係をつくっていけるように決まりごととして紙に書いて貼り出している。さらにＦは知り合いの子が高学年の児童に促されて万引きをしてしまったということを知って、子どもだけで遊びにいかせることに不安を感じており、子どもにもそうした悪いネットワークに入っていかないようにと言い聞かせている。このように調査協力者はよい人間関係をつくっていくことが子どもにとっても大切であると考えてあり、家族内外で子どもが良好な人間関係を築いていけるように助言、サポートをしている。

3　学歴よりも「やりたいこと」を重視する子育て

第4章では雑誌の比較からギャルママは相対的に子どもの学力関与に関する意識が薄いことが示唆された。この知見をふまえたうえで、本章はギャルママの子育てのありかたがどのようなものであるか検討した。

分析の結果、調査協力者は個々人の「やりたいこと」を実現することがよいことだと考えており、子どもに対しても個性にあった「やりたいこと」を実現してほしいと考えていることがわかった。これに対して教育達成については、「やりたいこと」のために求められる能力や素質は教育達成だけではないと考えているため、必ずしも重要視していない。学校教育に期待していることは子どもの「やりたいこと」の実現のために必要な経験やスキルの獲得であり、教育達成の必要性を実用主義的な目線で判断していることが示唆された。こうした子どもの将来に対する期待は、論理の方向は異なる部分があるものの、母親自身の経験に大きく依存したものであることが指摘できる。また調査協力者は「やりたいこと」の実現を子どもに期待しているため、子どもが「やりたいこと」をみつけるために多様な経験を積ませることを重視していることがわかった。さらに子どもが自立して生きていけるように自主性や自立心を養いたいと考えており、子どもの意思やペースを尊重しながらも自主的な行動を促すように心がけている様子がうかがえた。また調査協力者は家族内外の関係性を良好にすべく、積極的に働きかけていることもわかった。

これらの結果から、子どもの教育達成に対する考えかたの点では、ギャルママは階層の高い母親、あるいは学歴の高い母親とは異なる指向性をもっており、「非教育ママ」（本田 2004）に位置づけられることが明らかになった。ギャルママはこれからの社会を生き抜いていくには教育達成よりも必要な能力がほかにあると考えており、学校教育とは実用的な知識やスキルを獲得するためのものであると考えている。そのため彼女たちは教育達成や地位達成に固執するよりも「やりたいこと」の実現という子どもの主観的な充実感を重視しており、子育ての方針もそれに向かっている。こうした考えの背景には、もちろんギャルママ自身の学校文化や学校教育になじむことができなかったという経験があることが指摘できる。しかしながら、そうした学校での経験からくる学業達成への回避的な考えだけがギャルママの教育観であるわけではない。ギャルママ自身が仕事などのさまざまな社会経験を重ねていくなかで仕事ができる人とはどういう人か、社会で活躍するためにはどのような能力が必要であるのかを感じとり、単に学歴をつけることだけを目指すのではなく、子どもたちには社会で活躍するために必要な能力を獲得させたいと考えた結果でもあることが指摘できる。本田によれば、客観的な地位達成には成績の向上や生活習慣などに重きをおく子育てのありかたが、一方で主観的な状態には子どもの意見を尊重しさまざまな体験をさせることを重視する子育てのありかたが、それぞれ正の影響を与えている。加えて今日の社会で重要になりつつあるコミュニケーション能力やポジティブ志向の獲得にも後者のような育てかたは正の影響を与えている（本田 2008）。本田の指摘をふまえると、ギャルママの子育て実践は子どもの客観的な地位達成や教育達成には貢献しにくいが、子どもの主観的な充足度を高め、これからの社会で求められる能力の獲得を促すものかもしれない。さらには、調査協力者は世帯収入が必ずしも低いわけではなく、経済的に余裕のある場合でもこうした意識に違いはなかった。このことから、子育ての意識や実践は、家庭の経済的な背景との関係よりもギャルママに共有されている価値観やその背後にある母親自身の学校文化や学校教育に対する親和性と関連しているのではないかと推察される。

教育達成に対する考えかたが異なる一方で、子どもに多様な経験をさせ可能性を伸ばし、主体性や専門性を身につけさせたいと考えるという高学歴の母親の特徴として指摘されていた子育ての方針（本田 2008）は、ギャルママにも共通して見出されるものであった。さらにいえば、ギャルママはたしかに教育達成への志向は低いが、子どもの「やりたいこと」であればそれも必要であると考えており、宿題をみたり学習を促したりするなど教育すること自体に関心を払っていないわけでもない。このことから、拡大した教育ママという母親像、すなわち献身的に子どもをケアし、サポートする母親のありかたは、学歴の獲得を重視しない母親にも共有されていることが示唆される。

注記

＊1　本来は建築業界の用語だが、ここでは「与えられた仕事しかできないような人」という意味で使われている。

Chapter 06

ギャルママは「違い」をどう受けとめるのか

——母親の役割葛藤と対処方略

はじめに

第2章と第3章では、ファッションに焦点を当て、ギャルママの相対化と当事者の論理の解明を試みた。その結果、ファッション系統にかかわらず母親がファッションを通じて個性を発揮することが奨励されている一方で、ギャル系以外のファッション系統では表象される母親の外見的イメージは実のところどれも似通っていることが明らかになった。さらに、ギャルママの意識としては、ファッションが主体性を発揮する一つの手段になっている一方で、母親としての立場や役割との間に生じるトラブルを解消するために、場面による切り替えという実践していることが明らかになった。そのようにして母親としての立場を受け入れつつ、自分らしく生きていこうとしている姿がみえてきた。

一方、雑誌記事の家事や育児に焦点を当てた第4章では、ファッション系統によって多様化しているとはいっても、家事や育児を引き受け仕事と両立し、さらにおしゃれでいるという「パーフェクト・マザー像」（石川 2013：33）は母親向け雑誌に共通して表象され礼賛される母親像であることがわかった。こうした母親像からギャルママもまた逃れきれておらず、第5章の分析では、雑誌記事では見出されなかった子どもの学業への関与も含めて、ギャルママは子どものために献身的に尽くしていることが明らかになった。

このように、ファッションと家事・育児の双方について検証してみると、子育てに対する態度では従来的な価値観や実践も多い一方、やはりファッションの側面ではギャルママとそれ以外の母親たちとの相対的な違いが明らかになってきた。こうした状況に対してギャルママたちは「違い」を感じているのだろうか。違いを感じているのであれば、それに対してどのような意識をもち、どのように対処しようとしているのだろうか。本章では、インタビュー・データを用いて、当事者の意識を検討する。第1節では当事者がどのような点で葛藤を抱えているのか、続いて第2節では当事者が葛藤に対してどのような対処方略を実践しているのかをそれぞれ分析していく。

○分析方法

育児期の女性は、わが子に必要とされるという「母親としての自己」と社会や職場で必要とされる「母親として以外の自己」が充足されることを望んでいる（山崎 1997）。豊田・岡本によれば、こうした個としての自己と母としての自己の統合の程度には「未熟群」「個人中心群」「母親中心群」「統合群」の四つのパターンがある（図6－1）。双方の自己の均衡がとれている統合群は個としての自己と母としての自己との葛藤に対して主体的に取り組むことによって二つの自己の統合に成功しており、

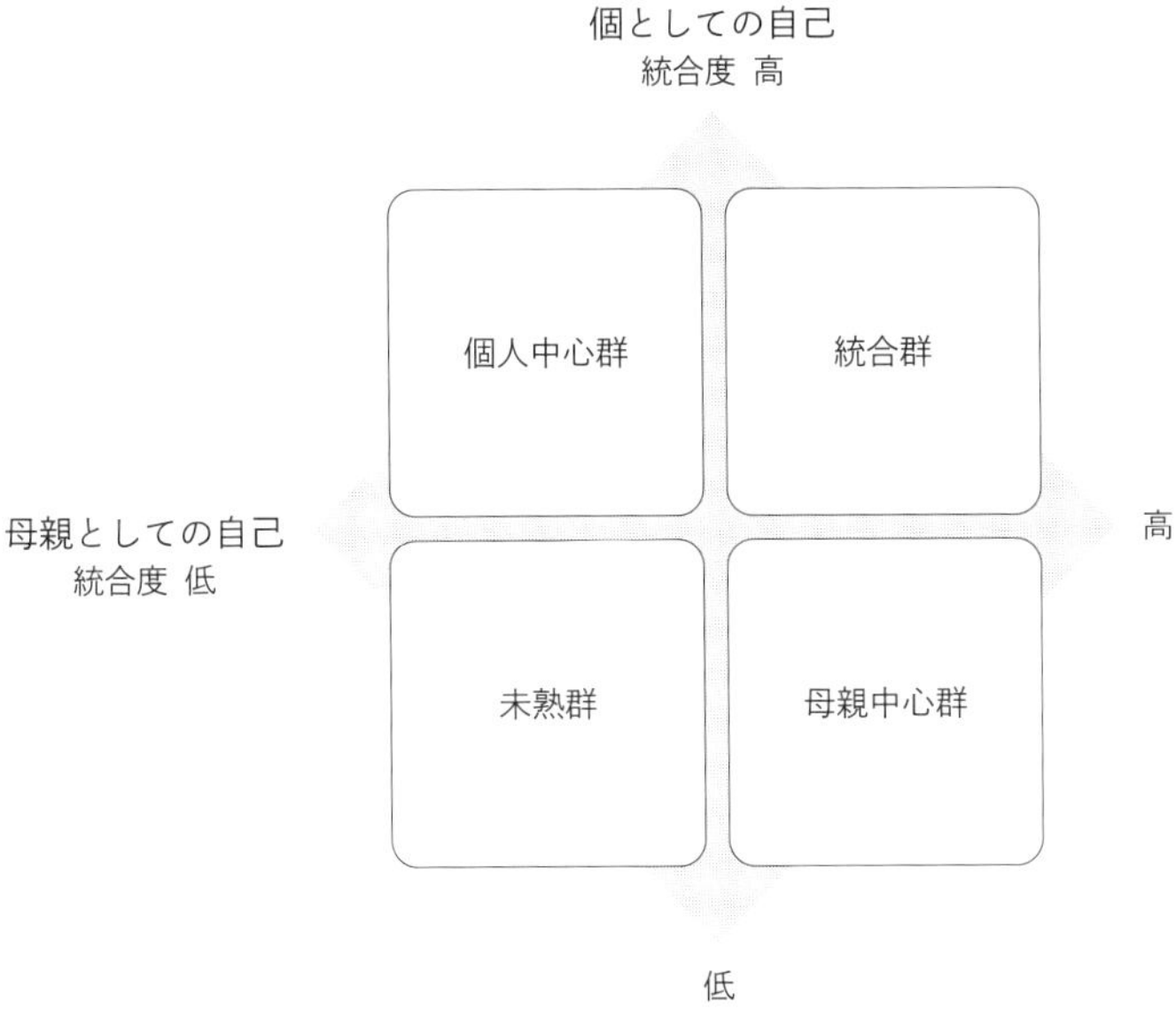

図６－１　個としての自己と母親としての自己

出所：豊田・岡本（2006）をもとに筆者作成。

ほかのパターンに比べて育児の困難さの程度が低い（豊田・岡本 2006）。このように母親としての自己と個としての自己の双方の充実が母親にとって重要であり、そのバランスをとることが重要だということが指摘され、どのような葛藤を抱えているか、そしてそれに対してどのように対処しているかが明らかにされてきた。そこで①当事者がどのような点で葛藤を抱えているのか、②当事者が葛藤に対してどのような対処方略を実践しているのかの二点について分析する。表６－１は、調査協力者がもっている母親としての違和感とその違和感に対する考えをまとめたものである。

表6－1　母親としての違和感と違和感に対する考え

	母親としての違和感			違和感に対する考え	
	周囲の母親との間で 感じる自分との違い	誰に否定的な言動を 向けられたことがあるか	ギャルママに対する 世間のイメージ	「ちゃんと」している 「ちゃんと」すればよい	その他
A		近所の人 見知らぬ人	受け入れられてない 子育てしていない	外見だけで言われたくない	否定的な態度をとられても 気にならなくなった
B	違うなと思う 周りは好きな服をきていない	友人が経験をした	印象として良くない ノリで子育てしている	ちゃんとしていればいい	母親とはこうだ、という考えが 社会にあることが良くない
C	周りの人は普通におばちゃん	SNS のフォロワー	悪いと思う 子育てできていない	ちゃんと子育てしている	言いたい奴は言っとけ
D	自分が服装を合わせている	友人が経験をした	良く思われてない 子育てできてない	できてない人はごく一部 偏見	やりたいようにやっているだけ
E	おしゃれではないが、 きちっとはしている	見知らぬ人	良く思われてない	しっかりやっている	
F	ファッションも考えかたも違う	両親、義理の母親	良く思われてない 家事できていない	やることやっていればいい	そう思う人は思ってくれて良い
G		見知らぬ人 電車の乗客	良く思われてない しつけができていない	努力をしている	温かい目でみて欲しい 理解してもらうのは難しい
H	自分が服装を合わせている	子の同級生の保護者	よくわからない	同じ母親としてみて欲しい	
I	自分の服装が浮くことがある	友人が経験をした	良く思われてない	ちゃんと子育てしてればいい	しょうがない
J	見た目の雰囲気が違う 考えかたが古い	医者 子の同級生の保護者	良く思われてない 何もできない	中身を知ってから言え	
K	見るからに違う		良く思われてない	見た目で決めつけるな	

出所：筆者作成。

1　個としての自己と母親としての自己の葛藤

(1) ほかの母親たちとの違和

調査協力者が日頃から仲良くしているママ友は、学生時代からの友人やママサークル、ＳＮＳを通じて知り合った人である。そうしたママ友は自分と似たような雰囲気であると調査協力者は感じている。その一方で、調査協力者は子どもの幼稚園や小学校を通じて知り合う母親には違和を感じている。実際に人間関係への入っていきにくさを感じていることに加えて、メディアや友人の話からつくられた「母親同士の関係は複雑で面倒だ」という先入観があるため、その中に入りたいとは思えないのである。そのため表面的には良好な関係を構築しているが、深入りはせず、自分と気の合う人同士で親密な関係を構築している。保護者同士の関係の中で感じる違和についてのＪの語りを引用する。

――小学校とかのママたちとどういうところが違うなって思うの？

Ｊ：見るからにやんな。歳は上。見た目の雰囲気も全然違う。

――見た目の雰囲気が違うって、向こうはどんなふうなの？

Ｊ：おばちゃん。見た目がおばちゃん。私にはできないっていう、本当に違うような人やんな。考えが古い。

このようにJは小学校のほかの母親は見た目が「おばちゃん」で、自分とは見るからに違う雰囲気であると感じている。Ｉも同様に「おばちゃん」みたいな人が多いと言及したうえで、個人的に仲良くしたいとは思わないので表面的な関係に留めるのだと語っている。つまりJやＩは「おばちゃん」という表現を使いながら相手と自分を外見という点によって対比させているが、「おばちゃん」のような見た目とはどのような意味なのだろうか。周囲の母親の外見に関するEの語りを手掛かりにしたい。

E：オシャレしてる人っていうか、きちっとしてる人は最近やっぱ多いかな。オシャレかどうかでなくて、ちゃんと一応きちっとメイクしてるみたいな。昔みたいに抱っこしておんぶして、すごいどすっぴんでみたいな人は、すごい減ってるような気がします。

このようにEは、おしゃれかどうかはさておき、身だしなみはきちんとしているのが周囲の母親であると考えている。さらにいえば、昔の母親というのは化粧も全くしていないものだったというイメージをもっている。もちろんJとＩ、Eが同一人物のことを指して話しているわけではないが、身だしなみの範疇を越えていない母親たちとおしゃれをしている自分たちギャルママという関係性がそこにあると推察される。

(2) 批判的な言動を向けられた経験

外見という点は、調査協力者が周囲の人々から向けられる言動の解釈においても重要となる。表6－1からもわかるように、調査協力者のうち7名は他人から自分の外見や子育てについて批判的な言動を向けられた経験がある。自分自身にはそうした経験がないという調査協力者も、友人がそのようなできごとに遭遇したことがあると話す人もいた。さらには、表6－1にあるように、ギャルママに対する世間のイメージも良い印象ではないと考えている。こうした経験のなかで、なぜ自分や自分の友人がそうした言動を向けられるのかということを調査協力者が解釈するとき、要因に外見が挙げられる。子ども連れで外出すると見知らぬ人から批判的な声をかけられたというAの語りを引用する。

Ａ：私もちょっと見た目が派手っていうのもあって、「ちゃんと育てろよ」とか結構心ないこと言われたりとかっていうのがすごく悔しくて。（子どもに）めばちこ[*1]ができてしまったときに、私の見た目だけで「虐待しているんちゃうか」って言われたりとか。

このようにＡは自分の外見が派手であるから厳しい言葉をかけられるのだと解釈している。もちろん調査協力者のなかには外見を指して批判された経験がある者もいる。病院での医師との会話について話すＪの語りを紹介する。

Ｊ：私、すごい傷ついたことがあって。上の子を出産してから初めて病院に連れて行ったときに、診察室に入ったときに、すぐに「今日はどうしましたか?」って聞かれると思ってたら、一番最初に言われたのが「お母さん、主婦してないね」「お母さんしてないね」ってぽんって言われて。「え?」ってなって。「え、なんですか?」って言ったら、「そんなネイルしてると子育てやってないよね。料理もできないよね」って。ぽんって言われたことにすごいショックで。「え?」って思って。「何も知らんのに何?」って思って。

このように調査協力者には外見のことを指されながら、そのような外見の母親に育児ができているのか、虐待しているのではないかという疑念を向けられた経験もある。こうした周囲との相互作用のなかで、調査協力者は自分の外見が母親として異質なものだとみなされることを自覚し、批判的な言動を向けられる原因はそこにあると解釈していく。また他方で調査協力者の語りから【母親らしくない外見の母親=子育てができない母親】という社会のまなざしがあることが示唆される。

(3) 自分のことよりも子どものことを優先するべきだという規範

調査協力者が外見による差異という解釈をすることは、裏を返せば、母親という存在は自分のように外見が派手ではいけないという意識が彼女たちにあることを示唆している。たとえばAは、誰かに教えられたり言われたりしたわけではないが「親だから派手にしちゃいけない」ものだと考えていたと語っている。またGは自分たちが髪の毛を巻いたり、つけまつげをつけたりすることに対して、

「親になったからには、自分のためではなく子どものために時間もお金も使うべきだと思われてしまう」というふうに語っている。このような語りから、母親になったからには派手にするべきではない、母親自身の外見のことよりも子どものことを優先すべきである、という意識が一般化しており、さらに調査協力者自身もそうした規範意識を共有していることが指摘できる。Ｅは「お母さんなのだから」と叱られたことについて語っている。

Ｅ：「お化粧何分かかってんの？」「子ども、その間どうしてんの？」みたいな。「子どもの面倒みてんの？」みたいな感じで言われたりとか。「（お化粧は）ちゃっちゃっちゃっとして、子どもにもっと時間使ってあげな。お母さんやねんから」「お母さんやねんから」っていう言葉は何回か言われたかな。

このようにＥは周りの人に「母親なのだから」自分の化粧に時間を使うのではなく、子どものことをするべきだと諭されている。つまり【母親らしくない外見の母親＝子育てができない母親】という構図の母親らしくない外見には労力、時間、金銭が投下されているという前提がある。これらは有限なものであるため、母親らしくない外見をすることは相対的に子どもへの投下量を減じる行為であると捉えられる。このことがギャルママを自己犠牲の母親という規範から逸脱しているとみなす要因となっていくのだと考えられる。つまり、調査協力者の語りから、母親には自分よりも子どもに対して労力や時間、金銭を優先させるべきだという自己犠牲的なありかたが期待されていることが示唆される。

(4) 好きなように好きな格好をしたいという欲求

服装を含めて「母親は自分のことよりも子どものことを優先するべきだ」という規範意識が共有されている一方で、それに従いきれないという葛藤が調査協力者にはある。Fは、義理の母親から外見について否定的な言動を向けられた経験を語った上で、次のように発言している。

F：見た目で判断されがちじゃないですか。たとえば第一印象とかもあるんで。(義母の) そういう気持ちもわかるし。けど、自分のしたい、やりたい、好きなようにしたいっていう気持ちもあるから。自分のやりたい気持ちを抑えるのもどうかなって思うんですけど。

Fは母親として服装や外見を改めなければならないと考えているだけでなく、それが他者からも求められていることを理解しているが、では自分の好きなようにおしゃれをしたいという欲求はどのように解消すればいいのかという困惑した気持ちを吐露している。

調査協力者は自身を外見の点で周りの母親とは異なると考えており、そうした考えを補強する他者からの指摘や批判も経験している。外見が論点なのだと考える背景には「母親は派手な服装をしてはいけない」「母親自身のことよりも子どものことを優先するべきだ」という規範意識を共有していることがある。さらにこれは一般化された意識であることが調査協力者の語りの端々から推察される。

裏を返せば、有限な時間や労力、金銭を母親自身の外見に投資することが相対的に子どもへの投資を少なくすることだとみなされるのである。そのため調査協力者はギャルという外見であることによって【母親らしくない外見の母親＝子育てができない母親】という関係に落としこまれていく。それゆえ彼女たちは自分の好きなスタイルを変えなければならないのかと考えるが、それと同時に、そのように自分の欲求を押し殺すことが良いことなのか、と自問し葛藤していた。

2　葛藤を解消する方法

(1) 子育てを「ちゃんとする」ことによる批判の回避

ほかの母親との違いを自覚し、さらには否定的な印象をもたれていると考えているが、それに対して調査協力者は、子育てを「ちゃんと」すれば良いと考え、実際に自分たちは子育てを「ちゃんと」やっていると考えている。すなわち調査協力者は、【母親らしくない外見の母親＝子育てができない母親】という見かたを覆そうとするときに、外見を変えるという方法ではなく、子育てを「ちゃんとする」という行動を選択するのである。ギャルママに対する世間の見方についてIは次のように語っている。

I：(ギャルママに対して良くないイメージがもたれているのは) 普通というか、致しかたないというか、別にそれはしょうがないと思う。どんな格好をしてても行動がちゃんとしてればいいんじゃないって私は思うんで。そういう言いかたしないでよ、見かたしないでよってギャーギャー言うんじゃなくて、ちゃんとしてればいいんじゃないっていう。別に（そんな見かたをしないでと）言わなくったって、ちゃんと子育てしてればいいし。そうやって言われたくないんだったら、見た目で言われたくないんだったら、行動でちゃんとすればいいし。

Iは自己犠牲の母親という規範意識に基づいたギャルママへの否定的なまなざし自体を変えようということではなく、育児という行動を「ちゃんと」していれば良いのだと主張し、そうすることで【母親らしくない外見の母親＝子育てができない母親】という関係を覆すことができると考えているようである。つまり、子育てにおいて問題が生じれば、それは【母親らしくない外見の母親＝子育てができない母親】を立証することになってしまうため、「ちゃんとする」ことによって、子育てができていないと思われるような事態を回避し、【母親らしくない外見の母親＝子育てができない母親】という捉えかたが誤りであることを示す必要があると考えているのである。こうした調査協力者たちの考えかたは、ギャルママが既存の母親らしさや自己犠牲的な母親像を脅かす存在というわけではなく、むしろ既存の枠組みなかでいかに対処しようとしているかを示唆していると考えられる。

調査協力者は「ちゃんとする」という方法によって【母親らしくない外見の母親＝子育てができない母親】を変更しようと試みているため、他者の否定的な言動に対しては育児の中身を評価してほしいと主張する。周囲の否定的な見方に対してＪは次のように語っている。

Ｊ：中身を知ってから言えよ、みたいな。できひん人もおるかも知れんけど。「お弁当もできひんやろ」とか「家のことやってどうせできひんやろ」とか「ほんまに子どものご飯とかちゃんとしてんの？」とか、常識とかもそうやし、「ＴＰＯ考えれてんの？」とか。そう思うやろけど、見てから言って？みたいな。

このようにＪは、自分の外見によって育児ができないと決めつける自分たちに向けられる世間のまなざしに対して、育児の実態をみてほしいと主張している。さらにいえば、こうした発言から自身の子育てに対する不安や自信のなさはあまり読みとれない。一方で、こうした文脈のなかで、なにをどれくらい、どのようにすることが「ちゃんとする」ということなのか、その具体的な達成水準については明言されていないことが指摘できる。つまり問題のある母親だと思われないように、外見以外の部分で、母親らしいと思われることはなんでもがんばることが「ちゃんとする」ということであると推察される。

調査協力者は、【母親らしくない外見の母親＝子育てができない母親】というステレオタイプに対峙するとき、子育てを「ちゃんとする」という行動によってそれを【母親らしくない外見の母親≠子育てができない母親】に変更させようと試みている。そのため外見ではなく自分の子育てをみて評価してほしいと主張するのである。そうすれば、外見では差異化されても母親としての役割を果たすという点においてはほかの母親と違いがないということを他者にわかってもらえると考えているからである。実際に調査協力者は自身の子どもとの関係性や生活の様子、あるいは為人が伝わることによって周囲の人々から肯定されることを経験しており、この論理は成功している側面もある。ただし、この論理は外見による違和を感じるほど、がんばることをがんばらなければならなくなる危うさを孕んでいるといえる。

(2) ほかの母親が諦めたおしゃれをしているという自己肯定感

子育てを「ちゃんとする」一方で自分の好きな服を着ているということに対して、調査協力者はほかの母親が諦めたおしゃれまでしているという自己肯定感を得ている。ギャルママとはどのような母親だと思うかという問いに対するCの語りを引用する。

C：みんな自分のことばっかりやってるんじゃなくて、自分のこともやりつつ、子どものこともちゃんとやってるのは、すごい(思う)。子ども子どもってならず、自分自分ともならず、みんな輝きたいんじゃないかなって思う。ママになったからこれができひん、子どもがおるからできひんって諦めるんじゃなくて、できる方法を探すみたいな感じでみんなやってるとは思うんで。向上心の塊みたいな感じの。(そういう感じ)で自分はやってる。人生一度きりやから、我慢とかして自分を抑えて生きていくのってもったいないなって思うから。どうやったらそれができるかっていう方法を常に考えてるかな。

Cは、子ども中心でもなく、自分中心でもないバランスの取れた状態が自分たちギャルママなのだと考えている。さらに一般的に母親であれば自分の好きな服装をすることを諦めてしまうが、自分はどうすれば母親であることとギャルであることが両立できるのか、諦めずにその方法を考えて実践していると主張する。こうした語りからは、ほかの母親が諦めていることを自分たちは実現しているのだという自負が読みとれる。

さらには、ほかの母親が諦めてしまった自分の好きな服を着るということの実現が、一方で子どものことを蔑ろにするような事態を招いているわけではないという意識もある。

G：やってる本人たちからしたら、子どもがちょっとテレビ観てる時間に（髪を）巻いてたりとか、一人で遊んでる時間に一生懸命やったり、起きたらややこしいから寝てる間に早く起きて用意したりとか、そういう努力をしてるんですけど、それはほかの人からしたら全然わからないんで。

このように、すきま時間を活用したり、自分の睡眠時間を削ったりして自分のための時間は捻出されているため、子どもと向き合わなければならない時間を自分のために使っているわけではないと考えている。経済的な部分についても、独身時代よりも安いものを購入したり、購入数を減らしたりして、許される範囲で工夫しながら楽しんでいるのだと調査協力者は説明する。時間の使いかたでも、お金の使いかたでも、調査協力者は自身の努力と工夫によって子どものことを軽んじるような状況が生じることはないと考えている。

調査協力者は、【母親らしくない外見の母親＝子育てができない母親】というステレオタイプに屈して自分の好きな服を着るというおしゃれを諦めるわけではなく、母親として育児を「ちゃんとする」ことによって、それを【母親らしくない外見の母親≠子育てができない母親】に訂正しようとしている。それだけではなく、母親としての役割を果たしているという意識とほかの母親が諦めたおしゃれをしているという意識は彼女たちの自己肯定感を高めているようである。また一部の調査協力者は否定的な言動やイメージに対して「言いたい奴は言っとけ」「そう思いたいなら思ってくれて良い」という考えを示していた。こうした彼女たちの強さの裏側には自己肯定感があり、それが他人に否定されても構わないという強いアイデンティティを支えているのだと考えられる。

3　新しい母親像の提示と従来の母親像の強化

本章は、ギャルママが周囲との関わりあいのなかで、母親としての「違い」を感じているのか、そうであるならばそれに対してどのような考えをもっているのかを当事者らの経験や論理を通じて検討した。

その結果、調査協力者は外見における母親としての違和を感じていることがわかった。一方で【母親らしくない外見の母親＝子育てができない母親】という意識が社会的にはあり、調査協力者はその文脈のなかで理解されてきた。こうした見かたやイメージは調査協力者にも内在化されている。その根底には、母親は子どもに尽くすべきであるという自己犠牲の母親という規範がある。つまり有限な労力、時間、お金を自らの外見に投資していることは相対的に子どもへの投資を減じることだとみなされるのである。言い換えれば、これらのことを子どもに優先するという意味での自己犠牲が期待されているのである。調査協力者はこうした意識の一方で自分の好きな服装をしたいという欲求を抱え、その間で葛藤していた。これに対して、彼女たちは「ちゃんとする」ことによって子育てに成功し、【母親らしくない外見の母親＝子育てができない母親】というステレオタイプに対抗しようとしていることが明らかになった。そうして葛藤に向き合うことは、ほかの母親が諦めてしまった自己実現としてのおしゃれをしながら、一方では母親としても「ちゃんと」しているという自信になり、強いアイデンティティを支えていることが明らかになった。

これらの結果から、ギャルママのギャルでありママであるという行動は外見と役割とを切り離して個としての自己と母親としての自己を両立させる一つの実践であることが示唆される。たしかに自分の志向性に従った服装をするという行動自体はある。しかしながら、そこには子育てを「ちゃんとする」という意識や行動が伴っており、それによって【母親らしくない外見の母親＝子育てができない母親】というステレオタイプを覆すことが試みられている。これは自分たちのファッション行動やその結果としての外見と母親としての役割とを切り離そうとする試みであり、こうした実践によって母親としての役割と自分らしさを両立させようとしていると考えられる。こうしたギャルママの試みは、ギャル系ファッションへのこだわりだけではなく、ほかの母親が諦めているファッションを通じた自己表現をしているという喜びや自信に支えられていることが示唆される。さらにいえば、ギャルママは既存の母親イメージ自体を改変しようとしているわけではない。たしかにギャルママの存在は、母親らしさとはなにか、という疑問を私たちに投げかけている。しかしながら当事者たちは、自己犠牲の母親という規範性やそれに紐づく母親らしさのイメージそれ自体に疑問を抱いているわけではない。むしろ既存の母親らしさのイメージや規範性の枠組みのなかで、どのように振舞えば母親としての正統性を示すことができるのかを考えているのである。つまりギャルママは既存の価値観に抵抗しているというよりも、自己犠牲的な母親の規範を参照しながら、よき母親であることと自分らしさを両立しようとしているのである。ギャルママのファッションにおける自分らしさを追求する代わりに子育てを「ちゃんとする」という論理は、一見すると自己犠牲の母親像から距離をとろうとコントロールする新しい母親像の提示ではあるが、それと同時に保守的な母親像を強化してもいるのではないだろうか。

また、外見や服装は自己表現であるとともに他者から見られるものでもある。そのためギャルママがいくら「ちゃんとする」という論理のもとで、ギャル・ファッションという外見と母親の役割とを切り離そうとしても、他者から読みとられる情報は「ギャルである」ということでしかない。特に日頃からの関係性がない人ほどギャルママの行動の意図を汲みとることは難しい。これは調査協力者が批判的な言動を向けられた経験の中で見知らぬ人が多く挙げられたことからも推察される。そのため「ちゃんとする」ことで母親としての正統性を示そうとしても理解が得られず、理解が得られないからさらに「ちゃんと」しなければならなくなるというスパイラルに陥る可能性が考えられる。つまり「ちゃんとする」という論理にはギャルママ自身を追いこんでしまう危険性が内包されている。

注記

＊１　関西地方の方言で「ものもらい（麦粒腫）」のことを指す。

終章　ギャルママからみえてきたこと
――母親規範の「多様性」とはなにか

はじめに

本書は、ギャルママに焦点を当てることから現代の日本社会に共有されている母親規範、とりわけこれまで議論の外におかれがちであったファッションや外見の問題を射程に入れながら明らかにしようと試みた。本章では第2章から第6章までの分析で明らかになったことを整理しつつ、ギャルママの役割葛藤とその背後にある母親の規範について考察する。第1節では母親の外見やファッションからみた日本社会における母親の画一性について考える。第2節では現代社会における母親規範として見出された自己犠牲的な母親像とギャルママがその再生産にどのように与みしていたかについて述べる。第3節ではファッションが社会関係の中でもつメディアとしての情報伝達力について触れていく。第4節では家事も仕事もファッションもという完璧な母親像を描くメディア表象の問題について指摘したい。第5節は本書が着目したサブカルチャー集団としてのギャルママについて改めて取り上げる。最後に第6節では本書の研究の知見と考察をまとめた上で、研究の限界と今後の課題を述べる。

1 母親の外見やファッションからみる画一性

本書の研究で得られた知見から、ギャルママを異質たらしめるものは現代社会における母親の外見やファッションにおける画一性の強さであることが指摘できる。

ギャルママに対する批判の理由は、母親自身の外見やファッションに対する関心の高さにあることが指摘されていた（石川 2014）が、一方で母親向けのファッション誌も乱立していることから（橋本 2012；2014）、ギャルママだけが自分自身の外見に気を遣う母親であるというわけではなかった。言い換えれば、母親自身の外見やファッションへの関心の高さだけではギャルママがなぜ異質であるのかを説明しきることができていなかった。

そこで、第2章や第4章では母親向けのファッション誌を比較検討することで、ファッションと家事・育児についてのギャルママのポジショニングを検討した。ファッション系統が異なる雑誌を比較しているため、そこで提示されているファッションには系統による違いがあることが予想されたが、結果としては、ほかのファッション系統の雑誌のコーディネートは衣服の色やデザイン、丈の長さ、あるいはモデルの髪型が似通っており、母親の外見のイメージは画一的なものであるということがわかった。これに対してギャルママ誌に描かれるギャルママのイメージはほかの雑誌とは異なるものであった。一方で、家事も育児もファッションもという完璧さはギャル系だけにみられるものではない共通して礼賛される母親像であった。さらにいえば、雑誌から見出される家事や育児の志向性は、たしかに子どもの学業への貢献は見出されないものの、ギャル系ほど保守的であることが明らかになった。これらの結果から、母親の外見のイメージは横並びの強制力が強いことが指摘され、母親に許容されるファッションには一定の範囲があると考えられる。それゆえに、その範囲を超えたギャルママは異質な存在になっていたといえる。

さらに第3章や第6章の結果から、母親に期待されているのは、自己犠牲的な母親であり、それは外見のイメージやファッション行動にも期待されていることがわかった。つまりギャルママたちはその外見に対して「お母さんなんだから」と諭されたり、外見を理由に「子育てしてない」などと否定されたりしていた。睡眠時間を削ったり、隙間時間を使ったりして、子どもの世話や子どもと過ごす時間を減らしたりしないように母親がいくら工夫していたとしても、有限な労力、時間、お金を自らの外見に投資していることが相対的に子どもへの投資を減じることだとみなされてしまう。言い換えれば、母親が自分の外見のために時間やお金を使うことがタブー視され、自己犠牲的であることを外見の上でも表現していかなければならないプレッシャーが存在しているのである。

このように自分のための行動と子育てとが比較され、それは子育てよりも大切であるのかが問われているという現象は、母親の就業という問題でも指摘されていたことである（藤崎 1993；江原 2000など）。つまり、母親の役割葛藤が、仕事をするか子育てをするかという問題だけではなく、おしゃれをするか子育てをするかという側面においても生じているのである。言い換えれば、自分のことよりも子どものことを優先することを求め、母親は自己犠牲的であるべきだと考える社会的期待は、仕事をするか否かというキャリアとの問題だけではなく、外見やファッションという側面にも及んでいる。献身的に子どもに尽くすという母親像はたしかに変容しつつあるが、依然として強固なのである。

そうした状況の中にあって母親たちは、母親役割に埋没してしまうのではなく、自分らしさを発揮できるなにかを求めている。母親が自分らしさを見出す対象には母親自身のキャリアや自己目的化された子育てなどがこれまで指摘されてきたが、ファッション行動もまたその対象となり得ており、ギャルママは自らが能動的に操作できる対象としてのファッションに自分らしさを見出しているのである。専業主婦を選択するか、パートタイムで働くか、フルタイムで働くか、自分の好きな服を着るか、という個人の選択や行動にはさまざまな違いがあり、そうした意味で母親のライフスタイルは多様化している。しかしながら、その根底にあるのは自己犠牲的な母親という規範であり、その規範に規定される行動や選択をそれぞれが置かれた状況のなかでおこなっている。このことから、近代家族や近代家族の母親像の多様化は括弧つきの多様化であり、私たちは依然として近代家族の規範から逃れることはできていないのではないだろうかということがみえてくる。

ギャルママによって外見においても母親らしくあることが求められている日本社会の母親への期待が明らかになると、母親たちの窮屈さが浮き彫りになってくる。ギャルママは外見と役割とを切り離すという論理と実践によって、母親としての役割を遂行しながら、一方では自分らしさを維持している。言い換えれば、個としての自分と母親としての自分との間に生じる葛藤が大きい日本社会において、ギャルママは自分らしさと母親らしさの両立に成功している母親であるといえる。たしかにギャルママは、そのライフスタイルが歓迎されるばかりではなく、周囲から否定され、実際に辛い経験をした母親も少なくない。しかしながら、おしゃれをすることによって、自分らしさを維持するということに成功しているのだ。ほかの母親のように自分のやりたいこと、すなわちおしゃれを諦めていないのだということが彼女たちの強いアイデンティティを支えているのである。おしゃれをすることによって自分らしさの実現を達成しているギャルママに対して、ほかの母親、ギャルママの言葉を借りれば「諦めてしまった母親たち」はどうだろうか。個としての自己をどのように維持しているのだろうか。母親としての自己と個としての自己は、どちらも充足されることが望まれており（山崎 1997）、双方の均衡がとれた状態であることが子育ての困難感が少ないことが指摘されている（豊田・岡本 2006）。こうした指摘をふまえると、今日の日本の母親たちがいかに鬱屈した状態にあるかということが推しはかられる。

そのような母親たちが置かれている状況や母親に対する画一性の強さは、一方で、未婚の若い女性たちに結婚したくない、母親になりたくないという感情を抱かせ、ひいては少子化の誘因にもなっているのではないだろうか。人口減少社会について特集した平成27年版の「厚生労働白書」では、子どもをもちたくない理由について、男性は経済的な理由が大きいが、女性は子育ての負担への懸念や自分の仕事や生活を重視したいという理由が大きいことが指摘されており（厚生労働省「厚生労働白書」）、その傾向は継続している。こうした統計データからも、母親になったときに個としての自分が両立されないのではないかという疑念が子どもをもちたくないという意識に結びついていることがうかがえる。本書の研究の結果からは、自己犠牲的な母親という規範が根強く、ギャルママのような母親像に対しては依然として否定的な向きが強いことが示唆された。しかしながら、ギャルママのような自分らしさと母親らしさをうまく両立する母親像がつくられていくこと、そしてそれを許容する社会の柔軟さや寛容さがあることによって、日本社会が直面している未婚化、晩婚化、少子化の問題は改善されていくかもしれない。逆にいえば、括弧つきの多様化が本当の多様化にならなければ、人口減少という日本社会の問題は解決されないのではないだろうか。

2　自己犠牲的な母親像の再生産

ギャルママは、母親としての実務的な子育てに可能な限り取り組む一方で、自分らしさとしてのファッションを楽しんでいる。その意味で、ギャルママは自分らしさと母親らしさの両立を実現する母親として評価することができる。

しかしながら、ギャルママの論理とは、母親の役割は十分に果たしているのだから外見くらいは自分の好きにしたいという役割と外見とを切り離す論理である。この論理が用いられるということは、ギャルママが母親であるからには自分自身の外見よりも子どものことを優先するべきだという自己犠牲的な母親像を共有していることを示唆している。こうした保守的な価値観が背景に共有されているからこそ、自分らしさとしてのファッションを実現することのあたかも代償であるかのように献身的に子どもや家族に尽くそうとしているのだと捉えることができる。子どもを預けるという行為において生じる母親の葛藤に着目した井上は、近代的母親規範が自明視されているわけではないが、子どもを預ける行為を正当化するための資源として近代的母親規範が利用されたり、参照されたりしていることを指摘している（井上 2013）。こうした井上の指摘と同様のことが本書の研究の結果からも指摘できる。

つまりギャルママは、自己犠牲的な母親像を自己の正当化に利用しており、いわば共犯関係にあることも指摘できる。ギャルママがすべてにおいて自己犠牲的な母親を演じていないという意味では、近代家族の母親規範が相対化されているといえる。しかしながら、ギャルママが葛藤に対処するときの論理は近代家族の母親規範に依拠したものである。近代家族の母親規範を戦略的に用いながら、自分らしさを表現しようと試みていると考えられる。このことは、それだけ母親規範、とりわけ外見における「らしさ」のイメージが強固であることを意味しているとともに、新しい母親像にみえるギャルママもまた自己犠牲的な母親像と共犯関係にあることを示唆している。

ギャルママという現象は、一見すると既存の母親像とは異なる新しい母親像の提示であり、私たちに母親らしさとは何かという問いを投げかけた。しかし一方で、ギャルママの価値観と論理は依然として保守的な近代家族の母親規範に根差しており、むしろそうした論理が展開されることによって自己犠牲的な母親像が再生産、強化される側面もあったといえるだろう。

3 メディアとしてのファッションの情報伝達力

ギャルママを通じて日本社会には外見における母親らしさという画一性の強さがあることが指摘される一方で、そのように画一性から外れた服装や外見が問題となることは、そのメディアとしての情報伝達力、発信力の強大さを意味している。本書の研究の結果から、ギャルママには母親らしさとは異なる外見をしていても、母親としての役割をきちんと果たすという論理があることが指摘できる。そしてその論理にしたがって実践されるファッション行動と母親としての役割行動がある。そうした外見と役割との関係について、当初は否定的であった人でも実際にギャルママが子どもとのどのような関係性を築いているか、どのような生活をしているかといったことを知っていくうちに外見に対する否定が少なくなるということをギャルママたちは経験していた。そのように子育てをきちんとしていれば、外見と役割とは別の問題であり、母親としてきちんとしていることが他人にも理解してもらえると当事者も考えているのである。しかしその一方で、身近ではない人からは母親らしくないと否定的な言動を向けられており、そのわかってもらえなさを嘆くような声もあった。服装に対する評価は場にふさわしいかどうかという点に加えて、既知の対人関係ではその服装が当人に似合っているかが服装に対する評価になるが、一方で未知の対人関係では服装を通じてパーソナリティや社会的属性といった情報が読み取られることが指摘されている（藤原 2005）。こうした服装を通じた情報伝達のメカニズムは本書の結果からも見出すことができる。つまりギャルママと常日頃から交流があり、母親としての役割を果たそうとしていることがわかっている人にとっては、その外見やファッションも本人らしさとして受け止められる一方で、交流が少ない人は外見や服装からパーソナリティを読み解こうとしなければならないので、母親らしくない外見であることがすなわち母親失格という烙印になってしまうのである。

衣服によって伝達される情報は他者を理解し、他者との適切な相互作用のありかたを決定するという他者との社会的関係を形成、維持するうえで極めて重要な意味をもつ（永野 1996）。それゆえに服飾学などの分野では服装による印象形成や印象管理に関する調査研究がおこなわれてきたのである。

つまり、ギャルママのファッションだけが問題となるわけではなく、こうした服装がもつ社会的性質、すなわち、着装者のパーソナリティを伝えるメディアとしての側面の影響力が強大であるため、らしさというイメージから外れた存在に対して批判的な眼差しが生まれているのである。逆にいえば、衣服の着用者のパーソナリティや行動の意図などといった内面的な部分と着用しているファッションのもつイメージや意味は相互に一致する場合ばかりではないにもかかわらず、ファッションを手がかりに他者を理解しようとすることは、却って誤った他者理解をする可能性があるのではないだろうか。メディアとしてのファッションは強い情報力をもっているのである。

4　おしゃれな母親を描くマスメディアの功罪

メディア表象に目を向ければ、そこで描かれている母親像や母親の規範は変化し、多様化しているように受けとめられる。とりわけ日本における商業雑誌出版の歴史を振り返ると、かつては主婦向けの雑誌といえば家事や育児のための実用誌であった状況に対して、それだけではなく母親を対象とするファッション誌が確立されている今日の状況は、性別役割の弱化や新しい風潮であるとみることもできる。しかしながら、そのようにメディアがおしゃれな母親像を描くことは、家事も仕事もファッションもという三重の負担を理想化していることになるのではないだろうか。さらにギャルママを通じてみれば、現実にはそこまで母親のファッションが許容されているわけではなく、外見においても画一性の期待が強いため、却って母親役割に追い込まれていることが指摘できる。言い換えれば、メディアは必ずしも現実の母親を表象しているわけではない。心療内科の臨床医の立場から、メディアの描く若くてきれいな母親のイメージと現実の子育てとの間にギャップを感じている人が多く、それが虐待行為や鬱症状と関連するのではないかということも指摘されている（海原 2001）。

ここにメディアの功罪があるのではないだろうか。たしかにメディアが母親のファッションを積極的に肯定的に描き出していることは、自己犠牲的であることを要求される鬱屈した日常の慰めや励ましになるかもしれない。『主婦の友』において良き母・主婦のお手本として提示された皇室女性のファッションが強調されたことは、母・主婦がファッションやセンスの良い流行の服装を求めることへの罪悪感を払拭し、正当化する役割を担ったという指摘もある（坂本 2019）。

しかしその一方で、メディア受容を能動的に楽しむことで逆にそこに埋め込まれたイデオロギーに影響を受けるということが指摘されている。フェミニズムの視点から映画を論じたマルヴィは、映画を見るという行為の快楽やものの見かたが支配的な体制秩序によって形成された無意識によって構造化されていることについて問題提起した。すなわち、映画というメディアがイデオロギー装置として機能している一方で、オーディエンスにとってメディアを受容することに喜びや快楽があるため、イデオロギーが投影されているとは意識しないうちに影響を受けているのである（Mulvy 1975=1998）。また恋愛小説の受容過程についてラドウェイは、恋愛小説において、あまりにも露骨な家父長的な物語は人気を得られないが、一方で男性的な能力をもち男性的な行動をする女性主人公が最終的にはヒーローに心惹かれて女性としての自分を認識するというストーリーは、家父長的イデオロギーとほどよく距離が保たれているため女性読者の人気を得ていることを指摘している（Radway 1991）。こうした指摘をふまえると、一定の支持を得ている雑誌に家事も仕事もおしゃれもという完璧な母親像が描かれていることは、雑誌編集者側にその意図があるか否かにかかわらず、母親であっても自身の外見に気を遣うことを励ましたり促したりする一方で、家事や仕事を引き受けつつ自身の外見も整える完璧な母親でなければいけないという暗示にもなっているのではないだろうか。おしゃれという女性にとって身近で否定しがたい要素が加わることによって、むしろ性別役割に従順であることが見えにくくなるのだ。母親のファッションが多様化し、あらゆる外見的なイメージが構築されていったとしても、それはライフスタイルの多様化に見せかけて、実のところは性別役割規範を強める方向に働いてしまうのではないだろうか。つまり母親であることへの期待は依然として大きく、服装やファッションという外見の自由さを伴うことが却ってそのメカニズムを複雑でみえにくいものにしている。

一方で、ギャルママの表象のされかたに焦点を当ててみると、雑誌分析から見出されるギャルママ像とインタビューを通じて明らかになったギャルママ像は必ずしも合致するわけではなく、そこには表象と実態のせめぎ合いがあると考えられる。たとえば第2章の分析から、ほかのファッション系統に比べてみると、ギャルママはファッションにおいて母親らしさという枠組みを超えたファッションをしているのではないかと考えられたが、第3章の分析から、たしかにギャルママは自分の好みの衣服を着用するという意識が強い一方でファッションにさまざまな配慮もしていることが明らかになった。また第4章の分析結果から、ギャルママとは母親と子どもが一体となったおしゃれな親子（像）であることやギャルママに子どもの学業への関与の意識がみられないのではないかということが考えられたが、第3章でファッション行動において母親自身と子どもの間には線引きがあり、子どもを自分のファッションの一部として扱っているわけではないことがうかがえた。加えて第5章で、たしかに教育達成自体に対する期待はないものの実際には子どもの勉強や学習にも気配りしていることがわかった。分析対象の特徴という側面からも、ギャルママ雑誌の読者の傾向としては年収が比較的低いということが指摘できる一方で、調査協力者の経済的背景はばらつきがあり、低所得層ばかりではなかったということが挙げられる。このように、メディア、とりわけギャルママを読者対象にした雑誌によって表象されたギャルママ像とインタビューからみえるギャルママ像にはずれが見出される。もちろん、メディアの表象は現実をそのまま映すものではなく構築された現実である（Masterman 1985=2001）。そのため、このようなせめぎ合いは必ず起こりうるものだと考えられる。ギャルママがメディアに表象されることを通じて、母親らしくないファッションをして自分自身のことを優先させている母親、子どもをファッションの一部のように扱う母親、子どもの教育に関与しようとしない母親というようなイメージが拡散されていたとしたら、それらはメディアによって構築された「ギャルママらしさ」だったのかもしれない。

5　不良少年少女のサブカルチャーの変容

ギャルママの価値規範は先行する暴走族やヤンキー、ギャルとも共通しているため、サブカルチャーの系譜としての連続性が指摘できる。本書の研究においてギャルママから見出される価値観として指摘した外見において誰よりも目立ちたい、学歴を重視しない、保守的な性別役割意識といったものは、ヤンキー・ギャル文化に関する知見（佐々木 2000；佐藤（佐久間）2002；三浦 2008；荒井 2009；2023；永江 2009；難波 2009）とも一致しており、中流の価値観とは異なるものだと捉えることができる。このことから、やはり一連のサブカルチャーは繋がりのあるものとしてその連続性を指摘できる。さらにはギャルママというサブカルチャーを受容している人々の社会的地位は必ずしも下層であるわけではなく、経済的な状況が異なる場合でもギャルママ内部の意識の差異はあまりみられなかった。このように集団内部の社会階層が多層的であり、階層として切り出されない集団という特徴は、序章で指摘したとおりである（上間 2002；荒井 2009；2023）。

しかしながら、学校文化やよい子規範、母親規範との葛藤に対する対処の方法は暴走族・ヤンキーとギャル・ギャルママとでは若干異なることが指摘できる。暴走族は暴走行為を若気の至りとして捉え、暴走族を卒業して落ち着くことで、自身の行為を正当化しようとしていることが指摘されている（佐藤 1985）。しかしその一方で、ギャルは外見と内面を結びつけて批判されることは回避したいという考えのもと、学校生活に過剰に適応することで外見とは切り離した内面での評価を獲得しようとすることが指摘されている（与那覇・新谷 2008）。本書の研究でもギャルママは、ファッションと母親役割とを切り離して、自分の好きなファッションをする一方で母親としての実務を遂行することで母親としての役割を欠いているわけではないことを主張しようとしていた。このように行為自体を卒業することで正当化していた暴走族に対して、ギャルやギャルママは行為自体をやめるというよりも、外見やファッションと切り離した別の側面で評価を獲得することで自身のファッション行為を正当化しようとしているという違いがあると捉えられる。

ギャルやギャルママがファッション行為自体をやめないことは、ギャル系ファッションへのこだわりが強いだけではなく、ファッション行為をすることが主体性の発揮であり、アイデンティティを回復させるストーリーであるからだと考えられる。ギャルは小中学校でいじめられた経験をもつ者が多く、勉強についていけないことから自信を失った状態で高校に入学するが、ギャルになることでエンパワーメントされ、アイデンティティを回復していくという流れを辿ることが指摘されている（上間 2002）。本書の研究の結果からも、ギャルママのギャルでいるというファッション行為が自らの能動性の発揮になるため、母親役割に埋没することなく自分らしさが維持できるという効果を生んでいることが指摘できる。そのためファッション行為自体をやめるのではなく、別のところで努力をし、他者に認められようとしているのだと考えられる。

こうしたギャルやギャルママの論理の背景には、ファッション行為による逸脱にはほかの逸脱行為と比べた「軽さ」があるからではないかと考えられる。母親になったギャルであるギャルママと母親になったレディースであるヤンママとの大きな違いは、逸脱の自覚がないことにある（松谷 2012）。青少年がどのように逸脱行為を識別し序列化しているのか、さらにそれは成長段階によってどのように変化するのかを検討した高橋によれば、暴走行為や援助交際、薬物などが一貫して逸脱行為であるとみなされている一方で、化粧や同棲といった消費と恋愛については小学生の段階ですでに、それは個人の自由である、逸脱行為ではないとみなされている（高橋 2007）。今日ではギャル系のファッションは一つのテイストとして定着している。このことから、ギャルやギャルママであるということは、逸脱行為というよりも、あるテイストのファッションをしているにすぎないと捉えられているのではないだろうか。ヤンキーについても、かつてのような反抗的態度や犯罪行為をせず、また見た目も大人しくなったというヤンキーのマイルド化も指摘されている（原田 2014）。マイルドヤンキーとギャルママを同列に語ることができるかは議論の余地があるが、ギャルママにとってギャル系のファッションを装うことは、母親としての違和感を自覚させるものの、明らかな逸脱行為ではないのである。こうしたファッションという「軽さ」がギャルやギャルママの切り離しという論理に結びついていくと考えられる。

たしかにギャル文化は暴走族からはじまる不良少年少女のサブカルチャーのなかに位置づけられるが、先行するサブカルチャーとは異なる部分も見出される。つまり、暴走族は暴走行為をやめて卒業し、それは若気の至りであったと説明しなければ自己の正当化ができなかったのに対して、ギャルやギャルママはファッション行為だけを切り離す論理によって同時並行的に自己の正当化に成功しているのである。ユース・サブカルチャーは族から系へと変動していると論じた難波が族としてのサブカルチャーは成員となれば容易に離脱しない／できないものであったのに対し、系は緩やかな規範やテイストの共有であるため、特定のサブカルチャーにコミットし続けるというよりはその日の気分や相手に合わせて取捨選択したり、並立されたりするものになったと指摘しているように（難波 2007）、族から系へとサブカルチャーを受容することの意味合い自体が変容していくなかで、社会的な期待と自身のアイデンティティの間に生じる問題への対処方略も変化してきたのではないだろうか。

6　ギャルであり、ママであるという「新しい」母親像

本書は、ギャルママという現象を通じて、外見における母親らしさを含めつつ現代社会における母親規範について考察した。第1章でみてきたように、日本において近代家族が成立してからは大衆化そして多様化という流れがあり、そうした家族の変化とともに母親像についても、自己犠牲的な母親像が定着したのち、働く母親やおしゃれな母親などのようにさまざまな母親像が併存している状況、言い換えれば母親のライフスタイルは多様化していると捉えられていた。しかしながら第2章と第4章からは母親をとりまく規範が実はそれほど多様化していないことが示唆され、第3章と第5章、第6章を通じてギャルママにも自己犠牲的な母親規範が内面化されていることが明らかになった。

本書のなかで得られた知見から、現代の日本社会における母親規範とは、子どものために尽くす自己犠牲の母親であるべきだという規範であり、自己犠牲的であることが母親のファッションや外見においても求められていることが明らかになった。それと同時に、母親に対しては自己犠牲と結びついた母親らしさがすべからく期待されているという画一性の強さが明らかになった。そしてギャルママもまた自己犠牲的な母親像を共有しており、それに対応しようとし、またそれを自身の行為の正当化に用い、自己犠牲的な母親像の再生産に与していた。

裏を返せば、自己犠牲的な母親という規範やその画一性が強いという状況が日本社会にあるため、

ギャルママは「ママ」ではなく「ギャルママ」として現象化されたと考えられる。ライフスタイルや価値観の多様化が叫ばれている今日であるが、ギャルママがギャルママとして現象化されたこと自体が多様化が本質的なものではないことを示唆していた。本当に本質的な多様化が生じているのであれば、多様な価値観が併存しているはずであるため、ギャルママが異質たらしめられること自体が生じえないからである。しかし、本書で検討してきたように、社会の中で異質なものとして位置づけられてきたはずのギャルママも実のところ自己犠牲的な母親という規範性が強く、それがギャルママの行為や選択を下支えしていた。たしかに、就業率の上昇やライフコースの変化、ファッション雑誌の展開などから、母親のありかたにはさまざまな違いというものが顕在化している。母親たちはそれぞれの置かれた状況や環境に合わせながら個々人の意思に基づいた選択をおこなっているのである。しかしながら、実は行動の選択における規範の解釈のされかた、使われかたが異なるだけで、そうした選択が根差している規範意識自体は共通し、それほど変容せずに継続しているのではないだろうか。

しかしながら、本書の研究にはいくつかの限界と課題がある。まずは調査手法上の限界である。本書でおこなった調査、とりわけインタビュー調査は、少数名に対するインタビュー調査である。そのため本書で得られた知見が必ずしも全てのギャルママに当てはまるとはいえない。本書の研究の結果からもギャルママは多層性のある集団であることが示唆された。また新聞記事にもあるように（毎日新聞2013年2月26日など）、これはギャルママに限られたことではないが、ギャルママのなかにも子どもを虐待してしまう母親も存在する。言い換えれば、ギャルママであることは子どもに献身的であるということとイコールではない。この点には留意が必要である。また、高等学校でヤンキー少年たちの参与観察をおこなった知念によれば、ヤンキー集団としての「ヤンチャな子ら」という集団内部には二通りの大人への移行経路をたどる者が包含されており、その背景には社会関係資本の多寡がある。そのため、ヤンキー集団は一枚岩的に捉えきれるものではないことが指摘されている（知念 2019）。こうした知見をふまえると、ギャルママ集団の内部構造や分断についても検討の余地が残されていることが指摘できる。加えて、本書の調査は当事者の論理に着目していたため、他者からみたギャルママはいかなる存在であるか、どう評価されるのかといった視点が欠けている。これらの限界点と課題については、今後、更なる調査を実施するなどして検討していきたい。

また、本書は雑誌を資料として比較しつつギャルママをポジショニングし、これまで指摘されてきた母親のファッションやライフスタイルの多様化は実のところそれほど多様化していないことを指摘してきたが、これはあくまでもファッション雑誌の比較から得られた結果である。同時期のマナーブックを参照するなどして目配りを意識した部分はあったものの、本書の研究デザインではファッション雑誌を読まない層にアプローチすることができていない。母親という集団をより包含できるアプローチを模索しながら、多角的な検討を重ねていきたい。

次に社会階層論との接続である。本書は難波やフィッシャーの議論に依拠し、サブカルチャーを必ずしも社会階層と結びついたものではないと捉えて議論してきた。本書のインタビュー調査の協力者はたしかに経済的な階層には偏りがなく、また出身階層も必ずしも下層であるというわけではなかった。したがって、やはりギャルママ文化が社会階層と結びついているとは捉え難い。しかしながら、学歴については高卒程度に集中しており、かつ学校文化や学校教育に馴染むことができたかということとの関連が示唆されている。このことをふまえると、ギャルママというサブカルチャーを階層論という視点からみる余地もあるだろうと考えられる。これまでの社会階層論や文化的再生産の議論では、親あるいは家庭の資本格差が子どもの育てかたや発達に影響を及ぼすことが議論されてきた。これに対して近年では育ちかたが成人後の格差の要因となることが指摘されている（Heckman 2006=2015；Putnam 2015=2017）。これらの指摘をふまえると、ギャルママによって育てられた子どもたちがその後どのような人生を歩んでいくのか、さらに次世代の育てかたを左右するのかという、育てかた／育てられかたが成人後の格差に与える影響をみるという分析モデルによって文化的再生産を捉えることもできるのではないかと考えられる。子どもたちにとって母親がギャルママであることがどのような影響を与えているのか、あるいは彼女たちの子育て実践がどのような帰結を生み出すのか、ギャルママによる文化的再生産の営みを明らかにしていくことも重要であると考えられる。

そして本書の議論についてである。本書は近代家族の画一性の強さ、とりわけ外見のイメージにおける母親「らしさ」の画一性について指摘したが、一方でこうした現象は普遍的な現象なのだろうか。それとも日本に固有のものなのだろうか。たとえば中国の母親規範は日本とは異なることが指摘されている。中国の母親規範について宮坂は、日本の三歳児神話に対して小学生神話があり、乳幼児期の子育ては母親自身の手によるものではなく祖父母などの親族が担当することが多いことを指摘している（宮坂 2007）。また量的データを日韓中台で比較した岩井・保田によれば、いずれの地域も夫より妻の方が家事を多く担当しているが、中国の夫は比較的に家事をおこなっている。加えて日本・韓国・台湾は子育ての方針を妻が決めている割合が高い一方で、中国では夫婦でともに決める割合が高い（岩井・保田 2009）。これらの指摘から、中国の母親規範は日本に比べると強固なものではなく、日本ほど母親への過度な期待がないのではないかと考えられる。日本では母親規範が強すぎるゆえに母親のファッションも母親らしさから外れることが許されていないが、中国のように母親規範の異なる国では母親のファッションという現象も異なる意味をもっているのではないかと考えられる。実際に中国でも母親自身の体型やファッションに注力するアクティブな母親、「辣妈（ホットなママ）」という現象があることが指摘されている（沈 2014）。母親規範のなかで母親の外見やファッションはどのようにとらえられているのか国際比較をするなどして検討したい。

初出一覧

本書は、2022年度に明治大学大学院情報コミュニケーション研究科に提出した博士論文「現代日本社会における母親規範とその画一性に関する研究——ギャルママのファッションと育児を事例に」を大幅に加筆・修正したものである。各章のもとになった論文は以下のとおりである。

序　章　書き下ろし

第1章　書き下ろし

第2章　髙橋香苗、2019年「女性誌のフォーマル・ファッション記事からみる母親の規範——ギャルママのファッションは逸脱なのか」『家族研究年報』第44巻（家族問題研究学会）、43-60頁

第3章　髙橋香苗、2022年「母親の服装に関する行動の動機と実践——ギャル系ファッションの

ギャルママを事例に」『情報コミュニケーション研究論集』第21号（明治大学大学院情報コミュニケーション研究科）、21-38頁

第4章　髙橋香苗、2020年「育児期の母親を読者とするファッション誌における家事・育児の価値観——ギャルママはなにが異なるのか」『情報コミュニケーション研究論集』第18号（明治大学大学院情報コミュニケーション研究科）、1-19頁

第5章　髙橋香苗、2020年「ギャルママの子どもに対する期待と子育ての方針——教育を含む子育て実践に着目して」『家族関係学』第39巻（日本家政学会家族関係学部会）、29-41頁

第6章　髙橋香苗、2021年「母親らしさと自分らしさの両立における葛藤と対処方略——ギャルママの子育てを『ちゃんとする』という実践」『国際ジェンダー学会誌』第19号（国際ジェンダー学会）、113-130頁

終　章　書き下ろし

あとがき

ギャルでもなくママでもない私が母親研究、とりわけギャルママを研究しても良いのかという不安は常にあった。しかし、そんな不安を吹き飛ばしてくれたのは、ほかでもないギャルママたちだった。調査に協力してくれたギャルママとの印象深いエピソードがある。それは、あるギャルママと電話で話をしていたときのことだ。「髙橋さんって真面目だよね」と唐突に言われたことがある。その突然さに少々驚きながら、「そんなことないですよ」と私は否定した。するとそのギャルママは「いや、真面目だよ。いくら自分の研究のためって言っても、本気でやってなかったら他人に頭さげてギャルママ紹介してくれって言わないでしょ。もっと簡単にやる方法はいくらでもあるじゃん。髙橋さんは真面目だよ」と返してくれた。この言葉を聞いたとき、私は胸がいっぱいになった。研究される側であるギャルママの皆さんからみても「この人、本気でやってるんだ」と思ってもらえたことは私のささやかな自信となった。

本書のもととなった博士論文や本書を書き上げるにあたって、投げ出したい気分になるたびにギャルママたちとのやりとりを思い出しては背中を押してもらった。貴重なインタビューの提供者であることはもとより、彼女たちの存在がなければ本書は完成しなかっただろう。研究を進めていく上で、細心の注意を払ったつもりであるが、皆さんがインタビューで話してくれたことの意図を汲みとりきれず、異なる解釈をしてしまった部分もあるかもしれない。本書の記述はあくまでも筆者の分析・解釈であることは改めて強調しておきたい。本書が、ギャルママたちが母親としてさまざまなプレッシャーにさらされながら日々奮闘する様子を少しでも描き出せていればと願うばかりである。

本書の出版にあたり、本当に多くの方にお世話になった。

博士後期課程で指導を引き受けてくださった施利平先生には、多大なる感謝を申し上げたい。もとより博士後期課程に進学することを想定しておらず、一旦は民間企業に就職していた私には基礎的な社会学、家族社会学の知識が不足しており、さまざまな家族に対する「誤解」を抱えた準備不足のまま博士後期課程での研究を始めてしまった。そのような私を施先生は根気強く指導してくださった。とりわけ、私の奔放すぎる発想やアイデアを大切にしてくださり、的確なアドバイスで導きつつ、自由に研究をする場を提供してくださった。姉のように、母のように、いつも見守り励ましてくれた施先生、今後ともどうぞよろしくお願いします。

学部時代から博士前期課程に渡って指導していただき、博士論文の副査もしていただいた江下雅之先生には、なにより研究することの楽しさを教えていただいた。特に学部のゼミでは何度も研究発表する場を設けてくださったが、そうしたぶつかり稽古や準備作業をしていくなかで、江下先生は私たちの研究に対して、こういう見方もある、こういうやり方もあると、実にたくさんの方向性を示してくださった。江下先生の話を聞いていると、研究という世界がいかに広く創造性にあふれているかが感じられ、そのなかに自分も飛び出したいと思うようになった。

博士論文の副査をしていただいた高馬京子先生には、ファッション研究の立場から、たくさんのご助言をいただいたり、研究や論文の論理の矛盾や穴を鋭く指摘していただいたりした。ファッションの記号性という視点から分析することができたのは、高馬先生のおかげである。

田中洋美先生にも、ジェンダー研究やメディア研究の視点から的確なアドバイスや示唆に富んだコメントをいくつもいただいた。私の未熟さから大変なご迷惑をおかけしてしまったこともあったが、今でもジェンダーとメディアという共通した問題関心のもとで一緒に研究や議論をしてくださっていることに、改めて感謝を申し上げたい。

東京大学社会科学研究所の佐藤香先生には、博士後期課程最後の一年からポスドク時代にかけて、社会調査プロジェクトでお世話になった。このプロジェクト自体は本書と直接的な関係があるわけではないが、佐藤香先生の混合研究法を採用した研究手法には大きな影響を受けている。本書の研究のことを気にかけてくださり、業務とは関係ないにもかかわらずたくさんの助言や示唆をいただいた。

施利平研究室（石田沙織様、陳予茜様など）、江下雅之研究室（とりわけ9期生の中島グループの皆様には大変お世話になった）、情報コミュニケーション研究科の皆さん（葉尤奇様、中臺希美様、山本輝太郎様など）には、研究に協力していただいたり、有益な助言や示唆をたくさんいただいたりした。また、個別にお名前を記載することができないが、論文の査読を引き受けてくださった匿名の査読者の先生方からいただいた貴重なコメントや示唆が研究をより高い水準に導いてくださった。ほかにも、さまざまな学会や研究会で交流させていただいた方々にも数々の助言や刺激を与えていただいた。

そして、改めて調査に協力してくださったみなさまに感謝を申し上げたい。インタビュー調査に協力してくださったギャルママの皆様には調査後も交流をさせていただき、いつも励ましの言葉をかけてくださった。唐突にインタビューのお願いをしたにもかかわらず、快く協力してくださり、本当にたくさんのことを教えていただいた。そして、ギャルママとの縁を結んでくださった株式会社カワキタ代表取締役社長の河北一朗様には、本来の業務とは関係がないにもかかわらず、多大な協力を賜った。また雑誌研究をするにあたっては、国立国会図書館、東京都立多摩図書館、石川武美記念図書館にお世話になった。

本書の出版にあたっては、晃洋書房の坂野様、そして既に退社されているが阪口様に大変お世話になった。私の学会報告を聞いてわざわざ感想を送ってくださった阪口様の優しい励ましは博士論文を執筆する原動力の一つであった。また、筆の遅い私を辛抱強く見守りながら、いつも適切なアドバイスをくださった坂野様の存在がなければ、本書は完成しなかった。

最後に、私の突拍子もない生きかたを理解し、応援してくれる父と母、そして弟に。これまでの家族との日々が家族研究という今につながっていることは、いうまでもない。

2024年5月18日

髙橋香苗

《著者紹介》

髙 橋 香 苗（たかはし かなえ）

1989年生まれ．

明治大学大学院情報コミュニケーション研究科博士後期課程修了，博士（情報コミュニケーション学）．

現在，名城大学人間学部助教．

主要業績

「女性誌のフォーマル・ファッション記事からみる母親の規範――ギャルママのファッションは逸脱なのか」（『家族研究年報』第44巻，2019年）

「ギャルママの子どもに対する期待と子育ての方針――教育を含む子育て実践に着目して」（『家族関係学』第39巻，2020年）

「母親らしさと自分らしさの両立における葛藤と対処方略――ギャルママの子育てを『ちゃんとする』という実践」（『国際ジェンダー学会誌』第19号，2021年）

ギャルであり、ママである

――自分らしさと母親らしさをめぐって――

2024年６月30日　初版第１刷発行

著　者　髙橋香苗©

発行者　萩原淳平

印刷者　江戸孝典

発行所　株式会社　晃洋書房

京都市右京区西院北矢掛町７番地

電話　075（312）0788㈹

振替口座　01040-6-32280

印刷・製本　共同印刷工業㈱

装幀　吉野　綾

ISBN978-4-7710-3851-6

引用文献

『ACROSS』編集室，2021『ストリートファッション1980-2020――定点観測40年の記録』PARCO 出版

足立安正，2020「市区町村における出産前教育の実態――父親の育児参加を促す取り組み」『摂南大学看護学研究』8(1)，55-62

赤枝尚樹，2012「都市における非通念性の複合的生成過程――下位文化理論とコミュニティ解放論の観点から」『ソシオロジ』56(3)，69-85

秋田千恵，1996a「衣服の持ち方から見た“新世代ミセス”の実像――『30代・40代ミセスの生活場面からみた衣服の活用度』調査より　上」『衣生活』39(2)，20-25

秋田千恵，1996b「衣服の持ち方から見た“新世代ミセス”の実像――『30代・40代ミセスの生活場面からみた衣服の活用度』調査より　下」『衣生活』39(3)，50-57

荒井悠介，2009『ギャルとギャル男の文化人類学』新潮社

Ariès, Philippe, 1960 *L'Enfant et la Vie Familiale sous l'Ancien Régime,* Paris: Plon.（＝杉山光信・杉山恵美子訳，1980『〈子供〉――アンシァン・レジーム期の子供と家族生活』みすず書房）

浅野智彦，2008「若者のアイデンティティと友人関係」広田照幸（編）『若者文化をどうみるか――日本社会の具体的変動の中に若者文化を定位する』アドバンテージサーバー，34-59

Badinter, Élisabeth, 1980 *L' Amour en Plus,* Paris: Flammarion.（＝ 鈴木晶（訳）1998『母性という神話』筑摩書房）

Barthes, Roland, 1967 *Système de la Mode,* Paris: Seuil.（＝佐藤信夫（訳），1972『モードの体系――その言語表現による記号学的分析』みすず書房）

Baudrillard, Jean, 1970 *La Société de Consommation : Ses Mythes, Ses Structures,* Paris: Gallimard.（＝今村仁司・塚原史（訳），2020『消費社会の神話と構造』（新装版）紀伊国屋書店）

Bauman, Zygmunt, 2000 *Liquid Modernity,* Cambridge: Polity Press.（＝森田典正（訳），2001『リキッド・モダニティ――液状化する社会』

大月書店）
Becker, Howard S., 1963 *Outsiders : Studies in the Sociology of Deviance,* New York: Free Press.（＝村上直之（訳），2011『完訳アウトサイダーズ――ラベリング理論再考』現代人文社）
Berelson, Bernard, 1952 *Contents Analysis in Communication research,* New York: Glencoe Free Press.（＝稲葉三千男・金圭煥（訳），1957『内容分析』みすず書房）
Bourdieu, Pierre, 1979 *La Distinction : Critique Sociale du Jugement,* Paris: Editions de Minuit.（＝石井洋二郎（訳），2020『ディスタンクシオン――社会的判断力批判（１・２）』（普及版）藤原書店）
Bowlby, John, 1982 *Attachment and Loss,* London: Hogarth Press.（＝黒田実郎（訳），1977『母子関係の理論（１・２・３）』岩崎学術出版社）
ちいめろ，2020『死ぬまで可愛い女子でいる』宝島社
知念渉，2018『〈ヤンチャな子ら〉のエスノグラフィー――ヤンキーの生活世界を描き出す』青弓社
Cohen, Stanley, 1987 *Folk Devils and Moral Panics : the Creation of the Mods and Rockers* (3rd edition), London: Routledge.
江原由美子，2000「母親たちのダブル・バインド」目黒依子・矢澤澄子（編）『少子化時代のジェンダーと母親意識』新曜社，29-46
Fisher, Claude S., 1975 "Toward a Subcultural Theory of Urbanism", *American Journal of Sociology,* 80 : 1319-41.（＝広田康生（訳），2012「アーバニズムの下位文化理論に向かって」森岡清志（編）『都市空間と都市コミュニティ』日本評論社，127-64）
Fisher, Claude S., 1982 *To Dwell Among Friends : Personal Networks in Town and City,* Chicago: University of Chicago.（＝松本康・前田尚子（訳），2002『友人のあいだで暮らす――北カリフォルニアのパーソナル・ネットワーク』未来社）
藤本明美，2003「はじめに」津止正敏・藤本明美・斎藤真緒（編）『子育てサークル共同のチカラ――当事者性と地域福祉の視点から』文理閣，3-7
藤崎宏子，1993「親と子――交差するライフコース」藤崎宏子（編）『親と子――交錯するライフコース』ミネルヴァ書房，1-15
藤田知也，2011「なぜ彼女たちは『ギャル』になったのか」『朝日ジャーナル』2011年３月19日号，96-101

藤原康晴，2005「服飾に対する認知」藤原康晴・伊藤紀之・中川早苗（編）『服飾と心理』日本放送出版協会，80-91

深谷野亜，1999「母親像の変容に関する史的考察――『主婦の友』誌を事例として」『子ども社会研究』(5)，69-82

福岡欣治・高木修・神山進・牛田聡子・阿部久美子，1998「服装規範に関する研究（第1報）生活場面と着装基準の関連性――生活場面と着装基準の関連性」『繊維製品消費科学』39(11)，702-708

Giddens, Anthony, 1992 *The Transformation of Intimacy: Sexuality, Love and Eroticism in Modern Societies,* Cambridge: Polity Press.（＝松尾精文・松川昭子（訳），1995『親密性の変容――近代社会におけるセクシュアリティ，愛情，エロティシズム』而立書房）

Goffman, Erving, 1961 *Encounters: Two Studies in the Sociology of Interaction,* Indiana: Bobbs-Merrill Company.（＝佐藤毅・折橋徹彦（訳），1985『出会い――相互行為の社会学』誠信書房）

Goffman, Erving, 1979 *Gender Advertisements,* Massachusetts: Harvard University Press.

Goode, William J., 1964 *The Family,* California: Prentice-Hall.（＝松原治郎・山村健（訳），1967『家族』至誠堂）

後藤憲子，2009「子育て家庭の世帯年収の減少と子育ての現状」『家族社会学研究』21(1)，21-29

濱田維子，2005「仕事と家庭の多重役割が母親の意識に及ぼす影響」『日本赤十字九州国際看護大学』3，147-158

原田曜平，2014『ヤンキー経済――消費の主役・新保守層の正体』幻冬社

長谷川晶一，2015『ギャルと「僕ら」の20年史――女子高生雑誌Cawaii!の誕生と終焉』亜紀書房

橋本嘉代，2012「ライフスタイルの効果と女性雑誌――1970年代以降のセグメント化に着目して」吉田則昭・岡田章子（編）『雑誌メディアの文化史――変貌する戦後パラダイム』森話社，164-188

橋本嘉代，2014「現代の母親向けの新雑誌にみるロールモデル――“ワーク”と“ライフ”の描かれ方に注目して」『出版研究』(45)，181-202

橋本令子・加藤雪枝・椙山藤子，1986「女性の服装に対する意識と行動の検討」『繊維製品消費科学』27(6)，263-272

橋本幸子・小田貴子・土肥伊都子・柏尾眞津子，2006「おしゃれの二面性

尺度の作成及ジェンダー・パーソナリティとの因果分析――母世代・娘世代の比較」『社会心理学研究』21(3)，241-248
林礼子，2002「雑誌との対話――女性雑誌の中で構築する「私」のアイデンティティ」『言語』31(2)，56-61
Heckman, James, 2006 *Giving Kids a Fair Chance,* Massachusetts: The MIT Press.（＝古草秀子（訳），2015『幼児教育の経済学』東洋経済新報社）
樋口耕一，2017「計量テキスト分析および KH Coder の利用状況と展望」『社会学評論』68(3)，334-350
日置久子，2006『女性の服飾文化史――新しい美と機能性を求めて』西村書店
日菜あこ，2020『3児を育てるギャルママの心でする育児』KADOKAWA
広田照幸，1996「家族―学校関係の社会史――しつけ・人間形成の担い手をめぐって」井上俊ほか（編）『こどもと教育の社会学』（岩波講座現代社会学12）岩波書店，21-38
広田照幸，1999『日本人のしつけは衰退したか――「教育する家族」のゆくえ』講談社現代新書
本田由紀，2000「『教育ママ』の存立事情」，藤崎宏子（編）『親と子――交錯するライフコース』ミネルヴァ書房，159-182
本田由紀，2004「『非教育ママ』たちの所在」本田由紀（編）『女性の就業と親子関係――母親たちの階層戦略』勁草書房，167-184
本田由紀，2008『「家庭教育」の隘路』勁草書房
井上清美，2003「母親の『自己犠牲』規範意識の趨勢と規定要因」『年報社会学論集』(16)，150-161
井上清美，2013『現代日本の母親規範と自己アイデンティティ』風間書房
井上輝子＋女性雑誌研究会，1989『女性雑誌を解読する―― COMPAREPOLITAN ――日・米・メキシコ比較研究』垣内出版
井上輝子，2001「ジェンダーとメディア――雑誌の紙面を解読する」『メディア・リテラシーの現在と未来』世界思想社，118-139
石川由香里，2013「雑誌から読み解く育児する母親像――『よき母親』とセクシュアリティの両立可能性」『活水論文集．健康生活学部編』56，25-38
石崎裕子，2004「女性雑誌『VERY』にみる幸福な専業主婦像」『国立女性

教育会館研究紀要』8，61-70
石津謙介，1965『いつ，どこで，何を着る？――男の TPO 事典』婦人画報社
岩井紀子・保田時男，2009『データで見る東アジアの家族観――東アジア社会調査による日韓中台の比較』ナカニシヤ出版
實川慎子・砂上史子，2013「母親自身の語りにみる『ママ友』関係の特徴――相手との親しさの違いに注目して」『保育学研究』51(1)，94-104
柏木恵子，2001『子どもという価値――少子化時代の女性の心理』中央公論新社
片桐真弓，2016「イクメンの現状と課題――母親の語りの分析を通して」『尚絅大学研究紀要　人文・社会科学編』(48)，137-148
河原和枝，2005『日常からの文化社会学――私らしさの神話』世界思想社
河本直樹，2017「ファッションコーディネートの印象におけるシルエットの影響」『日本感性工学会論文誌』16(5)，445-448
化粧文化編集部，2000「なぜガングロをはじめたの？」『化粧文化』(40)，ポーラ文化研究所
木村涼子，2010『〈主婦〉の誕生――婦人雑誌と女性たちの近代』吉川弘文館
吉良俊彦，2006『ターゲット・メディア主義――雑誌礼賛』宣伝会議
喜多加実代，2012「家庭教育への要請と母親の就業――母親の就業を不利にする教育のあり方をめぐって」宮島喬・杉原名穂子・本田量久（編）『公正な社会とは――教育，ジェンダー，エスニシティの視点から』人文書院，118-137
北山晴一，1999『衣服は肉体になにを与えたか――現代モードの社会学』朝日新聞社
小池三枝，1998『服飾文化論――服飾の見かた・読みかた』光生館
小山静子，1991『良妻賢母という規範』勁草書房
久保友香，2019『「盛り」の誕生――女の子とテクノロジーが生んだ日本の美意識』太田出版
工藤遥，2018「『子育ての社会化』施策としての一時保育利用にみる母親規範意識の複層性」『福祉社会学研究』15，115-138
蔵琢也，1996「コギャルの遺伝学」『諸君』28(4)，209-216
栗田宣義，2008「『ファッション系統』の計量社会学序説――東京都内10代女性ファッション誌読者層の分析」『武蔵大学総合研究所紀要』18，127-157

前馬優策，2014「子どもへの『願望』にみる現代社会―― A 団地における『学歴期待』」長谷川裕（編）『格差社会における家族の生活・子育て・教育と新たな困難――低所得者集住地域の実態調査から』旬報社，261-283
牧野カツコ，2005『子育てに不安を感じる親たちへ――少子化家族のなかの育児不安』ミネルヴァ書房
マルティネス真喜子・畑下博世・河田志帆・金城八津子・植村直子，2012「労働目的で来日した在日ペルー人女性の生活と育児」『日本地域看護学会誌』15(2)，97-106
Masterman, Len, 1985 *Teaching the Media,* London: Routledge.（= 宮崎寿子（訳），2001「メディアを考える」鈴木みどり（編）『メディア・リテラシーの現在と未来』世界思想社，26-80）
松田茂樹，2001「性別役割分業と新・性別役割分業――仕事と家事の二重負担」『哲學』106，31-57
松田茂樹，2008『何が育児を支えるのか――中庸なネットワークの強さ』勁草書房
松谷創一郎，2012『ギャルと不思議ちゃん論――女の子たちの三十年戦争』原書房
目黒依子，1987『個人化する家族』勁草書房
三浦展，2006『マイホームレス・チャイルド――下流社会の若者たち』文藝春秋
三浦展，2008『平成女子図鑑――格差時代の変容』中央公論新社
宮本桃英・安田華子・吉村智恵子，2017「子育てにおける母親の主体性についての検討――子育て支援に通う母親へのインタビューを通して」『名古屋女子大学紀要　人文・社会編』(63)，381-391
宮坂靖子，2007「中国の育児――ジェンダーと親族ネットワークを中心に」落合恵美子・山根真理・宮坂靖子（編）『アジアの家族とジェンダー』勁草書房，100-120
盛満弥生，2014「A 団地の家族の子育て方針・実態」長谷川裕（編）『格差社会における家族の生活・子育て・教育と新たな困難――低所得者集住地域の実態調査から』旬報社，231-260
盛山和夫，2004『社会調査入門』有斐閣
諸橋泰樹，1998「日本の大衆雑誌が描くジェンダーと『家族』」村松泰子／

ヒラリア・ゴスマン（編）『メディアがつくるジェンダー』新曜社，190-218
諸橋泰樹，2006「コギャル世代の同時代史的生態学」『AURA』（177），22-29
師岡章，2016「保育と子どもらしさ」『子ども社会研究』（22），41-59
Mulvey, Laura, 1975 "Visual Pleasure and Narrative Cinema," *Screen*, 16(3)：6-18（＝斎藤綾子（訳），1998「視覚的快楽と物語映画」岩本憲児・武田潔・斉藤綾子（編），1998『歴史／人種／ジェンダー』フィルムアート社，126-139）
牟田和恵，1996『戦略としての家族――近代日本の国民国家形成と女性』新曜社
永江朗，2009「ヤンキー的なるもの」五十嵐太郎（編）『ヤンキー文化論序説』河出書房新社，32-51
永野光朗，1996「交わる――被服コミュニケーション」中島義明・神山進（編）『まとう――被服行動の心理学』朝倉書店，188-207
中川早苗，1981「衣生活システムの理論的・実証的研究（第1報）――現代主婦のファッション意識の構造」『家政学雑誌』32(10)，764-771
中山満子・池田曜子，2014「ママ友関係における対人葛藤経験とパーソナリティ特性との関係性」『パーソナリティ研究』22(3)，285-288
難波功士，2007『族の系譜学――ユース・サブカルチャーズの戦後史』青弓社
難波功士，2009『ヤンキー進化論――不良文化はなぜ強い』光文社
成実弘至，2001「サブカルチャー」吉見俊哉（編）『知の教科書　カルチュラル・スタディーズ』講談社，93-122
成実弘至，2004「現代日本における少女文化の創造――コギャルというモード」『民俗芸術』47-54
西川正之，1996「それる――被服と逸脱行動」中島義明・神山進（編）『まとう――被服行動の心理学』朝倉書店，208-225
西川祐子，2000『近代国家と家族モデル』吉川弘文館
西村純子，2001「性別分業意識の多元性とその規定要因」『年報社会学論集』（14），139-150
西山哲郎，2010「身体加工のコミュニケーション」伊藤公雄（編）『コミュニケーション社会学入門』世界思想社，112-137
落合恵美子，1990「ビジュアル・イメージとしての女――戦後女性雑誌が

見せる性役割」『日本女性生活史第5巻現代』東京大学出版会
落合恵美子，2000『近代家族の曲がり角』角川書店
落合恵美子，2019『21世紀家族へ――家族の戦後体制の見かた・超えかた』（第4版）有斐閣
Ogburn, William F., 1955 *Technology and the Changing Family,* Boston: Houghton Mifflin.
大日向雅美，2016『母性の研究――その形成と変容の過程：伝統的母性観への反証』（新装版）日本評論社
岡田尚美・和泉比左子・松原三智子・波川京子，2012「母親を育児サークルへ『つなげる』保健師の支援――軽微な育児不安や孤立感をもつ母親への行為に焦点を当てて」『日本地域看護学会誌』15(1)，119-125
小野原教子，2011『闘う衣服』水声社
太田夕子・仲沢美幸，2001『ギャルママバイブル』角川春樹事務所
大塚明子・石川洋子，1996「戦前期の『主婦の友』における母の役割と子供観」『研究紀要』40，11-20
小崎恭弘・水野奨，2015「父親支援における父子手帳の内容とその意義」『生活文化研究』53，13-21
Parsons, Talcott, & Bales, Robert, 1955 *Family: Socialization and Interaction Process,* London: Routledge.（＝橋爪貞雄・溝口謙三・高木正太郎・武藤孝典・山村賢明（訳），2001『家族――核家族と子どもの社会化』黎明書房）
Putam, Robert D., 2015 *Our Kids: The American Dream in Crisis,* London: Saxon House.（＝柴内康文（訳），2017『われらの子ども――米国における機会格差の拡大』創元社）
Radway, Janice A., 1991 *Reading the Romance: Women, Patriarchy, and Popular Literature* (New edition), Chapel Hill: University of North Carolina Press.
Riffe, Daniel, & Lacy, Stephen, & Fico, Fredrik, 2014 *Analyzing Media Messages: Using Quantitative Content Analysis in Research* (3rd edition), London: Routledge.（＝日野愛郎・千葉涼・永井健太郎（訳），2018『内容分析の進め方――メディア・メッセージを読み解く』勁草書房）
齋藤克子（佳津子），2007「子育て支援施策の変遷――1990年以降の子育て

支援施策を中心として」『現代社会研究科論集』(1), 65-77
坂本佳鶴恵, 2019『女性雑誌とファッションの歴史社会学――ビジュアル・ファッション誌の成立』新曜社
佐々木洋成, 2000「価値規範と生活様式――ヤンキー少年にみる職業・進路選択の契機」『年報社会学論集』2000(13), 239-251
佐々木孝侍, 2012「ファッション誌と痩身志向」『マス・コミュニケーション研究』(80), 231-248
佐藤郁哉, 1984『暴走族のエスノグラフィー――モードの叛乱と文化の呪縛』新曜社
佐藤郁哉, 1985『ヤンキー・暴走族・社会人――逸脱的ライフスタイルの自然史』新曜社
佐藤郁哉, 2008『質的データ分析法――原理・方法・実践』新曜社
佐藤(佐久間)りか, 2002「『ギャル系』が意味するもの――〈女子高生〉をめぐるメディア環境と思春期女子のセルフイメージについて」『国立女性教育会館研究紀要』(6), 45-57
サトウタツヤ・春日秀朗・神崎真実, 2019『質的研究法マッピング――特徴をつかみ, 活用するために』新曜社
佐藤裕紀子, 2003「雑誌『主婦之友』にみる大正期の新中間層主婦における家事労働観」『生活社会科学研究』(10), 47-61
佐藤裕紀子, 2004「大正期の新中間層における主婦の教育意識と生活行動――雑誌『主婦之友』を手掛かりとして」『日本家政学会誌』55(6), 479-492
佐藤裕紀子, 2007「大正期の雑誌『主婦之友』にみる家事労働の改善と主婦イメージ」『家族関係学』(26), 87-100
沢山美果子, 1990「教育家族の誕生」中内敏夫他(編)『〈教育〉――誕生と終焉』藤原書店, 108-131
沈奕斐, 2014「辣妈――个体化进程中母职与女权」『南京社会科学』2014(2), 69-77
清水彩加・夫馬佳代子・杉原利治, 2009「雑誌『主婦の友』に見られる大正期の新中間層の主婦像について」『岐阜大学教育学部研究報告. 人文科学』57(2), 149-158
清水俊朗, 2018「市場化が進む保育施策と保育労働の実態」『社会政策』9(3), 29-43

白河桃子，2013『格付けしあう女たち──「女子カースト」の実態』ポプラ社
Shorter, Edward, 1977 *The Making of the Modern Family* (Paperback edition), New York: HarperCollins Distribution Services.（＝田中俊宏（訳），1987『近代家族の形成』昭和堂）
主婦の友社編，2010『新版　冠婚葬祭実用大事典──しきたりからマナー，あいさつ，手紙まで，この 1 冊で OK ！』主婦の友社
孫暁英，2019「在日華僑華人の家庭教育に関する一考察──育児環境と母親の葛藤を焦点に」『早稲田大学大学院教育学研究科紀要』27(1)，37-46
髙橋香苗，2019「女性誌のフォーマル・ファッション記事からみる母親の規範──ギャルママのファッションは逸脱なのか」『家族研究年報』44，43-60
髙橋香苗，2020「育児期の母親を読者とするファッション誌における家事・育児の価値観──ギャルママはなにが異なるのか」『情報コミュニケーション研究論集』(18)，1-19
高橋征仁，2007「〈悪〉のグレースケール──道徳的社会化への類縁化アプローチ序説」『犯罪社会学研究』32(0)，60-75
高井宏子，2017「ファッション──記号，消費，アイデンティティ」『大東文化大学紀要（人文科学編）』(55)，189-202
武内珠美，2002「妊娠・出産・子育てをめぐる女性の心理と問題」岡本祐子・松下美知子（編）『新女性のためのライフサイクル心理学』福村出版，151-172
玉置了，2008「消費者のアイデンティティ形成意識と製品評価」『商経学叢』54(3)，209-226
谷本奈穂，2018『美容整形というコミュニケーション──社会規範と自己満足を超えて』花伝社
徳田治子，2002「母親になることによる獲得と喪失──生涯発達の視点から」『家庭教育研究所紀要』(24)，110-120
富川淳子，2017『ファッション誌をひもとく』（改訂版）北樹出版
友川礼・桐木陽子・高橋圭三，2019「女性従業員に対する子育て支援としての雇用先の保育事業の有用性に関する研究(2)──愛媛県における男女共同参画に関する意識調査結果等との関連からみる女性活躍推進施策の

課題について」『松山東雲短期大学研究論集』(50), 14-26
豊田史代・岡本祐子, 2006「育児期の女性における『母親としての自己』『個人としての自己』の葛藤と統合——育児困難との関連」『広島大学心理学研究』(6), 201-222
津田好子, 2013「NHK 教育『おかあさんの勉強室』が描いた1980年代の幼稚園児と母親規範」『東京女子大学紀要論集』63(2), 141-163
植田実, 2012『ヒット商品は女子高生・ギャルママに聞け』コスモ21
上間陽子, 2002「現代女子高校生のアイデンティティ形成」『教育學研究』69(3), 367-378
上野千鶴子, 1982『セクシィギャルの大研究』光文社
上野千鶴子, 1992『〈私〉探しゲーム——欲望私民社会論』(増補版) 筑摩書房
上野千鶴子, 1994『近代家族の成立と終焉』岩波書店
上野加代子・野村知二, 2003『〈児童虐待〉の構築——捕捉される家族』世界思想社
海原純子, 2001『なかなか結婚しない女　すぐ結婚する女——彼女たちを縛る心の鎖』大和書房
鷲田清一, 2012『ひとはなぜ服を着るのか』筑摩書房
渡辺明日香, 2005『ストリートファッションの時代——今, ファッションはストリートから生まれる.』明現社
渡辺澄子・川本栄子・中川早苗, 1991「服装におけるイメージとデザインとの関連について (第1報) ——イメージを構成する主要因子とデザインとの関連」『日本家政学会誌』42(5), 459-466
Willis, Paul E., 1977 *Learning to Labor : How Working Class Lads Get Working Class Jobs,* London: Saxon House. (＝熊沢誠・山田潤 (訳), 1985『ハマータウンの野郎ども——学校への反抗　労働への順応』筑摩書房)
Wirth, Louis, 1938 "Urbanism as a Way of Life," *American Journal of Sociology,* 44 : 1-24. (＝松本康 (訳), 2011「生活様式としてのアーバニズム」松本康 (編)『近代アーバニズム』日本評論社, 89-115)
山田昌弘, 1994『近代家族のゆくえ——家族と愛情のパラドックス』新曜社
山田昌弘, 2000「『よりよい子育て』に追い込まれる母親たち」目黒依子・矢澤澄子 (編)『少子化時代のジェンダーと母親意識』新曜社, 69-87

山田昌弘，2004「家族の個人化」『社会学評論』54(4)，341-354
山田昌弘，2005『迷走する家族——戦後家族モデルの形成と解体』有斐閣
山懸文治，2009「地域子育て支援における市民主体の活動の意義」『うちの子よその子みんなの子——本音の付き合い，だから20年続いている』ミネルヴァ書房，190-205
山縣亮介・石原久代，2016「レディースウェアのフォーマル性に関与する要因について——デザイン画と実際の服装評価との関係」『繊維製品消費科学』57(12)，915-923
山縣亮介・石原久代，2018「着装シーンと服装のフォーマル性との関係」『名古屋学芸大学メディア造形学部研究紀要』(11)，25-32
山縣亮介・鷲津かの子・石原久代，2013「服装のディテールとフォーマル性との関係」『名古屋学芸大学メディア造形学部研究紀要』6，111-122
柳洋子，1989『キーワードでみるファッション化社会史』ぎょうせい
山口一男，1999「既婚女性の性別役割意識と社会階層——日本と米国の共通性と異質性について」『社会学評論』50(2)，231-52
山村賢明，1971『日本人と母——文化としての母の観念についての研究』(第3版) 東洋館出版社
山崎あけみ，1997「育児期の家族の中で生活している女性の自己概念——母親としての自己・母親として以外の自己の分析」『日本看護科学会誌』17(4)，1-10
山崎鎮親，1993「家族の子育て・教育ストラテジー——生活困難層の親の願いと苦悩」，久冨善之(編)『豊かさの底辺に生きる——学校システムと弱者の再生産』青木書店，63-105
与那覇里子・新谷周平，2008「弱くなる『ギャル』——『強めの鎧』と『がんばる』という適応」広田照幸(編)『若者文化をどうみるか？——日本社会の具体的変動の中に若者文化を定位する』アドバンテージサーバー，150-176
吉川研一，2016「ファッション雑誌 JJ における世代別成長戦略」『松山東雲短期大学研究論集』46，69-77
吉本文子，2018「『完璧』を目指す選択と評価のはざまで——専業主婦の母親の子育て観を中心に」『共栄大学研究論集』(17)，99-113
全協・出版科学研究所，1996『出版指標年報』全国出版協会出版科学研究所

引用資料

メディア・リサーチ・センター編『雑誌新聞総かたろぐ』メディア・リサーチ・センター

日本雑誌協会『マガジンデータ』日本雑誌協会

全協・出版科学研究所,『出版指標年報』全国出版協会出版科学研究所

内閣府「女性のライフプランニング支援に関する調査」(https://www.gender.go.jp/research/kenkyu/raifupuran/houkoku19-index.html)最終アクセス日:2020年11月18日

内閣府「少子化社会対策白書」(https://www8.cao.go.jp/shoushi/shoushika/whitepaper/index.html)最終アクセス日:2021年9月20日

内閣府「男女共同参画白書」(https://www.gender.go.jp/about_danjo/whitepaper/r03/zentai/index.html)最終アクセス日:2021年9月20日

総務省「社会生活基本調査」(https://www.stat.go.jp/data/shakai/2016/index.html)最終アクセス日:2020年11月18日

総務省「労働力調査特別調査」(https://www.stat.go.jp/data/routoku/index.html)最終アクセス日:2021年9月20日

総務省「国勢調査報告」(https://www.stat.go.jp/data/kokusei/2020/kekka.html)最終アクセス日:2021年9月20日

厚生労働省「厚生白書」(https://www.mhlw.go.jp/toukei_hakusho/hakusho/kousei/1998/)最終アクセス日:2020年11月18日

厚生労働省「人口動態調査」(https://www.mhlw.go.jp/toukei/list/81-1.html)最終アクセス日:2021年9月20日

厚生労働省「厚生労働白書」(https://www.mhlw.go.jp/wp/hakusyo/kousei/15/)最終アクセス日:2021年10月14日

国立社会保障・人口問題研究所「出生動向基本調査」(http://www.ipss.go.jp/site-ad/index_Japanese/shussho-index.html)最終アクセス日:2020年11月18日

NHKクロニクル「番組表ヒストリー」(https://www.nhk.or.jp/archives/chronicle/)最終アクセス日:2020年11月18日

UUUM「Creator」(https://uuum.jp/creator)最終アクセス日:2021年8

月 6 日
PR TIMES「平成のギャルカルチャーを象徴するファッション雑誌『egg』が，令和へと変わった 5 月 1 日に復刊号を発売！」（https://prtimes.jp/main/html/rd/p/000000006.000031838.html）最終アクセス日：2021年10月20日
PR TIMES「2000年代爆発的な人気を誇ったママ雑誌『I LOVE mama』が令和 4 年 2 月に復刊号を発売！」（https://prtimes.jp/main/html/rd/p/000000011.000031838.html）最終アクセス日：2021年11月 4 日
「ギャルママの悩み，メールで相談を　日本ギャルママ協会」『朝日新聞』東京本社，2010年 9 月25日夕刊，10
「子宮頸がん検診，ギャルママに PR」『朝日新聞』西部本社，2012年 6 月20日朝刊，33
「ギャルママ開発部　中小 6 社と商品販売　ヒョウ柄や紫，『欲しい』実現」『朝日新聞』大阪本社，2012年 7 月25日朝刊，
「大阪みやげに大阪カルタ　若いママ・学生ら開発」『朝日新聞』大阪本社，2015年 6 月23日夕刊， 8
「希望新聞──東日本大震災　ママたちを元気づけたい　きょう宮城・石巻で交流イベント開催」『毎日新聞』東京本社，2011年12月18日朝刊，20
「児童虐待──大阪府ワースト 1　ギャルママが救いの輪，座談会や映画上映企画」『毎日新聞』大阪本社，2012年 7 月26日
「いいママになりたかった──大阪 2 児放置死事件　反響特集 『ママ一人の肩には重過ぎる』」『毎日新聞』東京本社，2013年 2 月26日朝刊
「『ギャルママ』地域貢献　総社　親子30組　清掃活動」『読売新聞』大阪本社，2010年11月26日朝刊，32
「八尾ギャルママサークル 5 人　募金頑張る『ユニセフに協力を』」『読売新聞』大阪本社，2010年12月21日朝刊，28
「となりの超人類若者考現学（ 4 ）主役は自分『新家族』──役割分担柔軟に」『日本経済新聞』1999年11月18日夕刊，17
「エコ消費勝機つかむ（下）常識は過去のもの──買い手取り込みに知恵.」『日本経済新聞』東京本社2010年 8 月 8 日朝刊， 7
「第 1 部　民力を取り戻せ（ 3 ）柔軟発想で個性派商品（芽吹く関西）」『日本経済新聞』大阪本社2012年11月 3 日朝刊，10
「ママサー（キーワード）」『日経 MJ』東京本社2004年 4 月 1 日朝刊，20

「ギャルママ，ヒントの宝庫，調査が語る消費パワー，瞬発力・影響力大きく」『日経 MJ』東京本社2010年 9 月 1 日朝刊，1
「イオンがギャルママ衣料，ワンピースなど38品目，母・娘おそろいも.」『日経 MJ』東京本社2010年11月14日朝刊，8
「『ギャルママ』の知恵拝借，凸版，企業と携帯サイト，商品アイデアなど募集.」『日経 MJ』東京本社2011年 6 月15日朝刊，7
「売れるツボはここにあった！　若者の新攻略法」『日経 TRENDY』2011年 3 月，115-122
「流行　威圧ギャルのホンネ――男を無視した武装ファッション」『アエラ』12(48)，32-36
「トレンド超流　ギャルママ／子育てだけでなく，オシャレも親子で楽しむ“美ママ”たち」『週刊東洋経済』6268号，2010年06月26日，151
「ボランティアの参加経験率は 9 割！ギャルママは社会のために役立ちたい」『宣伝会議』845号，2012年 9 月15日，19
「ギャルママ×起死回生を図る中小企業にメディアが注目」『広報会議』(57)，2013年10月，36-37
「益若つばさ，金髪ママへの世間の声に『じゃあ何を着て，どんな髪が正解なのか』」『デイリースポーツ online』2021年 5 月26日（https://www.daily.co.jp/gossip/2021/05/26/0014359386.shtml）最終アクセス日：2021年 7 月 5 日
「『コギャル世代』が親になって…… 児童虐待　我が子を殺す母親たち」『週刊文春』2008年 4 月17日，49-52
「『渋谷からギャルが消えました』 4 年ぶりに復刊した egg 編集長が気づいた“ギャルがいた本当の場所”」『文春オンライン』2021年 6 月15日 b（https://bunshun.jp/articles/-/45962）最終アクセス日：2021年10月20日
「『初期は髪は茶色，メイクは抑えめ…』『ポスカで鼻筋書いて，唇は真っ白で…』egg 編集長が語る平成ギャル遍歴」『文春オンライン』2021年 6 月15日 a（https://bunshun.jp/articles/-/45961）最終アクセス日：2021年10月20日
「コギャルの興隆史を解剖する」『別冊宝島』391号，1998年 6 月 1 日，68-80
「ギャルママの生活と意見――コギャル，ギャル文化の成熟期にみる現代の『しあわせ』」『ダカーポ』20(18)号，2000年09月20日，54-65